高峰秀子と作家たち

高峰秀子
編・斎藤明美

河出書房新社

高峰秀子と作家たち

◉

目次

Ⅴ　作家と語る

Ⅵ　私と書くこと

装幀――水上英子

高峰秀子と作家たち

◉インタヴュー（構成＝斎藤明美）

思い出の作家たち

志賀直哉、谷崎潤一郎、太宰治とのこと

――八百号を迎えたのを機に、改めて小誌〔『オール讀物』〕を繙いてみましたら、遡ること半世紀、昭和二十三年の五月号で、高峰さんは志賀直哉、谷崎潤一郎というお二人の文豪をそれぞれ訪ねてリレー対談をなさっているんですね。そこで、まずはこの両大家とのお付き合いから伺いたいのですが……。

高峰　半世紀ですか……、私もコケが生えるはずですねぇ（笑）。志賀先生とは、この対談の二年後に小津安二郎監督に改めて紹介されて親しくさせて頂くようになったんです。私が小津さんの「宗方姉妹」（昭和二十五年・新東宝）を奈良の薬師寺で撮っていたら、そこへ志賀先生がヒョッコリお見えになったの。先生は小津監督と親しかったので、撮影をご覧にいらしたんですね。それ以来、その対談記事にも出てくる熱海のお宅や、のちの渋谷常磐松のお宅にも度々寄せて頂くようになり、お嬢さん

の喜美子さんとも仲良しになって、喜美子さんが私のお古の洋服を喜んで着て下さったりということもありました。

ただ、それより以前、志賀先生が私の「馬」（昭和十六年・東宝東京）という映画を観てお手紙を下さったことがあるんですよ。とてもいい映画でしたと感想を書いて下さった後に「映画を観た夜、夢を見ました。ススキの原っぱを一頭の馬が、ただひたすら走っていく夢を朝まで見ました」という、素敵なお手紙でした。

志賀先生は凛とした古武士のようで、自然体な方でした。いつだったか、熱海のお宅に伺って、帰りに雨が降りだした時、先生が「家の下の坂で滑るといけないから、杖を持ってゆきなさい」とおっしゃって、私に杖を持たせて下さったことがあるんです。当時の私はまだ二十代前半ですからね、恥ずかしかったけれど、でも、そのお心遣いが嬉しくて。それで、「用が済んだら、谷やん（谷崎潤一郎）にやって下さい。あいつなら似合うから」って。お二人は仲が良かったんですね。ですから私は、時に言伝てを頼まれたり、志賀家と谷崎家を行ったり来たりしていた時期があるんです。メッセンジャーガールね。

谷崎先生とは、やはりその対談の二年後、「細雪」（昭和二十五年・新東宝）に出たのがご縁で親しくさせて頂くようになりました。私は末娘の妙子を演ったんですが、その時、谷崎先生が「映画の関西弁というと、すぐ大阪の漫才みたいになる。関西弁にもいろいろあって、『細雪』は芦屋言葉だから、せめて映画の中で一人くらいはきちっとした芦屋言葉を喋ってもらいたい。それをあなたが喋って下さい」とおっしゃって、妙子のモデルになった嶋川信子さんを私に付けて下さったんです。嶋川さんは私の家に泊まりこみで芦屋言葉を教えてくれて、そのうちに恵美子さんて先生のお嬢さんも泊まりに来るようになって、私は私で谷崎家に行くと泊まるようになるって具合で、なんだかもうメチャクチャになっちゃって（笑）、家族ぐるみのお付き合いをさせて頂きました。

谷崎先生はご存じの通り美食家だから、美味しい物を食べる時はとてもご機嫌がいいんですけども、一度だけ、ものすごく怒られたのを見たことがあるんです。私が結婚した後で、夫の松山と二人で先生の熱海のお宅に招ばれて天麩羅を御馳走になっていた時です。先生が、「さぁ、今日は天麩羅だ」っていうんで、もう山のようにどんどん天麩羅を揚げさせてお手伝いさんが台所から運んでくるのを、みんなでハフハフ言いながら食べてたら、松子夫人が「東京の、出版社の方たちが、ちょっとご挨拶に見えたんですけど」と言ったとたん、先生が箸をガラッと投げ捨てて、「せっかく熱い天麩羅を食べてるというのになんだ！　帰ってもらいなさい！」って怒ってね。松子夫人が「でもせっかくお見えになってるんですから、ちょっとでも……」と言ったら、先生は憤然と立ち上がって玄関に行ったかと思うと、「食事中に無闇やたらと来られては大変迷惑です。ごめん下さい！」って、それだけ。もう私たち怖くって、箸持ったまま松山と「どうする〜」なんて。天麩羅はどんどん冷めちゃうし（笑）。

谷崎先生は昭和四十年に亡くなられたんですが、お葬式のちょうどその日、私は先生とビフテキを食べに行く約束だったんです。その数日前にお電話があって、「書痙《しょけい》も治ったし、福田家で待ち合わせてどこかへ美味いビフテキを食べに行こう」とおっしゃって。それがビフテキ屋じゃなくて、青山斎場になってしまって……。

――やはり作家の方々とは、映画の原作とか、高峰さんのお仕事を通して知り合うことが多かったんですか？

高峰　そう多くはないんですが、太宰治さんの場合はそうでしたね。「四つの結婚」（昭和十九年・東宝）というオムニバス映画の原作が太宰さんの『佳日』なので、太宰さんが撮影所のセットに来て、出演者の入江たか子さんや山田五十鈴さんなんかと一緒に記念撮影をしてるんです。最近、その写真をある人が見つけてきて見せてくれたら、ちゃんと私もいるんですけど、覚えてないんですねぇ。太宰さんは真ん中で胡座《あぐら》かいて座ってるの、黒い着物で。

太宰さんを覚えてるのは「グッドバイ」（昭和二十四年・新東宝）の時です。新東宝の人が太宰さんに「高峰秀子で何か一本書いて下さい」とお願いしたんですね。それで映画会社としては実物を見せなきゃいけないというんで、新橋で待ち合わせて鎌倉の料亭に行ったんですが、太宰さんはぐでんぐでんに酔っ払って、「もっと飲ませろォ」なんて言いながら、それでもチラチラッと私の方を見てるんですよ。「こいつで書けるかな」と思って見てたんでしょうね。そして新聞連載で「グッドバイ」が始まって、読んでみると、主人公は顔が小っちゃくて丸くって、手首と足首が細ぉい華奢な娘だなんて書いてあるから、酔っ払っていてもちゃんと見てたのね。それで今後どういう展開になっていくのかと思ってたら、ポンと入水して亡くなっちゃった。でも半分以上はできてましたから、脚本家の小国英雄さんが後に話をつけて、とにかく映画は完成したんです。

「四つの結婚」の原作者・太宰治（前列中央）を囲んで。
前列左端が高峰秀子。

そのときの印象は、なんかねぇ、野良犬が照れちゃったみたいな、ダランダランした人でしたよ。背はちょっと高くて、あなたくらい。もう胸なんかペッチャンコで、「ボク、肺病ォー」って感じで。新橋へ下駄履いて来ましたよ。半ズボンに、上はヨレヨレのカーキ色のシャツ、無帽。宴会が終ってプロデューサーが「そろそろこの辺で……」って言ってもお開きにしてくれないの（笑）。だからみんなで料亭の玄関まで無理やり連れていくと、それでもまだ後ろ振り向いて女中さんに「もっと飲ませろ。ケチ！」なんて。ダサイオサムって感じで……。それが太宰さんを見た最後でした。無頼派というか、なんか無茶苦茶の。でもいいね、あれだけ正直だと。

池島信平、文士劇のことなど

――映画雑誌はもちろんなんでしょうが、出版界ということでは、高峰さんはやはり昔から小誌に限らず、いろいろな雑誌に登場されたり、執筆なさったりという機会は多かったのですか？

高峰　仕事としては、ありましたね。でも、それはあくまで仕事ですから、依頼されて私が雑文を寄せるということで。だからその関係でですかねぇ、菊池寛さんにも会ってますよ。何喋ったんだか覚えてないけど、戦後すぐくらいかな。たぶん文藝春秋社ででしょうね。

汚ぁーい人でした（笑）。みんな洋服着てるのに、一人だけ着物、それもデレーッと着て。兵児帯なんか縦結びになっちゃってね。前なんかはだけてるの。少なくとも、今、文藝春秋のサロンにある胸像よりはちょっと落ちるな（笑）。

それから、昭和二十五年頃は、確か文春は銀座の並木通りにあって、そこにちょっとした軽いものも食べられる、喫茶店というかサロンというか、そんな場所があったんです。そこで、当時、取締役だったかしら、池島信平さんと知り合ったんですよ。

――「レインボー」という名前でしたね。

高峰　もう十代の頃からですけど、私はどうも自分のいる映画の撮影所という所は変な所だと思っていたんですね。どう変なのかわかんないんだけども、なんか好きになれない。映画を作ることは嫌いじゃないけど、撮影所の雰囲気っていうんですかね、馴染めなくて、モヤモヤしてたんです。かと言って、他に何もできないし、何していいかもわからない。なにしろ五歳の時から、気がついたら映画界にいたんですから。例えば銀座に行ってちょっと買い物、食事といってもすぐに人だかりがして追っ掛けられる。で、たぶん最初はその「レインボー」に誰かが連れていってくれたんだと思うんですが、それが誰なんだかどういうきっかけなのか全く思い出せないんです。行ってみると作家や「漫画集団」の方がたくさんいましたけど、誰も女優なんか珍しがらない、ほっといてくれる。だから私には非常に居心地のいい所で、よく一人で行ってはボンヤリしてたんです。

ある時、チキンライス食べながらポツンとしてたら、「おう、おう」なんて信平さんが見えて、「何考え事してんだ?」って言うから、「うーん、私ね、どうもイヤなんだ、女優が。芝居っていうのは本当に私に向いてなくて、モヤモヤしてるんだけど、何していいかわかんないんだ」って言うと、信平さんが、「真剣にデコが女優をイヤなら、辞めちゃいな。辞めてうちへおいでよ」って。「そんなこと言ったって、私は小学校も出てないんだよ。こんな仕事ばっかりしてるから家でお茶もいれたことがない。だからお茶汲みも満足にできないよ」と言ったの。そしたら信平さんが、「文章は学歴で書くんじゃない。大学出てたって、手紙一つ書けない男もいる。僕はデコの書くものをちょこちょこ読んでるけど、いいもの書くよ。わかんないことは全部僕が教えるから、本当にイヤなら、辞めてうち来いよ」って。

ものすごく嬉しかった。そんなこと言ってくれた人いないもの。普通はみんな、「いいご身分じゃないの。女優でさぁ、お金貰って」って。周り、そういう人ばっかりでしょ。だから私なんかにそこまで言ってくれる信平さんの気持ちが嬉しくて、忘れられないの。もちろん、その言葉に甘えたくってもできませんでしたけどね。当時の私は養母を始め十何人もの生活をみてましたから。

だから、信平さんに死なれた時は、淋しいとか悲しいとかいうんじゃなくて、なんか身の周りがスカスカしちゃって。司馬遼太郎先生、大宅壮一さん、そして池島さんは私にとって〝救急車〟みたいな人でした。救急車というのは、そうそう呼ぶもんじゃない、もしかしたら一生縁がないかもしれない。でもそういう人が同時代に生きてるってだけで非常に心強い。そういう方たちでした。

――その「レインボー」で、やはり多くの文士の方々と知り合うことになるんですか？

高峰　そうですね。たとえば、今日出海さんもそのお一人ですが、今先生では面白い思い出があって。文藝春秋に昔、文士劇というのがあったでしょ？

――昭和九年に始まって、戦争の前後で一時中断して、昭和二十七年に再開してから五十三年まで続きました。

高峰　私、毎回観に行っています。楽屋にも伺いました。舟橋聖一さんなんか、楽屋に冷蔵庫や布団まで運びこんで、大きな鏡台ぶっ立てちゃってね（笑）。一番上手なのは川口松太郎先生。「勘平」なんか役者より巧かった。だから、かえってつまらない。

おかしかったのは、今言った、今先生。仁木弾正になったのね。それで客席で観てたら花道のスッポンから煙と共にドロドロドロ……って出てくるわけですよ。巻物くわえて。立派なんだ、顔が大きくて四角いから（笑）。それでパタンッて柝《き》が鳴って、くわえた巻物を「えーっ」って見得きって口からはずしたら、入れ歯がくっついてたの、巻物に（笑）。

それまで花道の下でギーッてくわえてスッポンが上がるの待ってたから、食い込んじゃったんでしょうね。それで、またその入れ歯がポトンと巻物からはずれて落っこっちゃったのよ、花道の上にね。稽古の時はピンスポが当たってないけど、本番の時はもうカーッと当たっちゃってるから、花道が光って真っ白けで見えないわけ、どこへ落っこったか。だから長袴のまんま這いずり回って、入れ歯探して（笑）。客席は何があったのかと、二階席の人なんか全員立ち上がって見てるんですよ。そして、やっと拾って口にはめたら、今度はお客が大笑いになって……。当時の文士劇、そんなものでしたよ。

室生犀星、内田百閒、川口松太郎とのこと

――お目にはかかってないけれども、内田百閒さんもお好きだと伺いましたが……。

高峰　そのことについては、先に室生犀星さんのことからお話ししなければいけないんですが、「雁」（昭和二十八年・大映）という映画を室生犀星さんが観て下さって、雑誌か何かに、「あれは女優が演じているというのではなくて、高峰秀子という一人の〝人間〟がお玉という人物を演じている。私は映画が好きでよく観るが、女優の中で人間を感じさせるのは高峰秀子だけだ」というような批評を書いて下さったんです。

びっくりしました。そして非常に嬉しかったです。と言うのも、先にもお話ししたように私は女優という商売が好きになれなかった。でも辞めることもできない。なら、せめて、〝はらわたのある女優〟になりたいと思ったの。熱帯魚みたいに、水槽の中でヒラヒラとはらわたがあるのかないのかわからないような、ただ綺麗なだけの観賞魚にはなりたくなかった。そんな生意気なことを考えて演《や》ってましたんで、室生犀星さんが書いて下さったことがとても有り難くて光栄だったんです。

そう思いながらも御礼もせずにいたところ、昭和三十七年に「名もなく貧しく美しく」と「永遠の人」で芸術選奨を頂いて、受賞記事が新聞に載ったら、その同じ紙面に室生犀星さんの死亡記事が出てたんですよ。それ見て、ああ、やっぱり会いたい人、心に残る人には会っておいた方がいいとつくづく思ったんですね。

それで前々からファンだった内田百閒さんにファンレター、後にも先にもそんなことしたの一度だ

けですけど、書いたらお返事が来ました。「お会いしたいのは山々なれど、私の机の上には手紙が山積みです。それを整理してお返事を書いているうちに、春が来て夏になり、そしてまた冬が来る……、というわけで、残念ながら、いつお目にかかれるというお約束はできません」。そうか、お手をわずらわせてはいけないなと思って。

―― 高峰さんのお仲人でもある川口松太郎さんとは、どのような経緯で？

高峰 新派の伊志井寛さんの楽屋に伺ってる時に川口先生が〝ダメ出し〟と言って、何幕何場のあそこんところはもっとこうした方がいいとかって、作者として注文にいらした、その時が最初です。たぶん戦後すぐの頃です。その伊志井さんとは「チャーチル会」で知り合ったんです。いろんな文化人が集まって絵を描く会ですね。

でも新派との関わりはものすごく古くて、私が六歳の時、花柳章太郎さんと新派の舞台に出てるんです。「松風村雨」という芝居。私は花柳さんの子供役。お稽古してる時は、花柳さんはオジサンなんだけど、舞台に出たら水もしたたるような美女で、丸髷結ったお母さんでしょ。私はまだ小さいから、どうしても花柳さんの懐に手突っ込んじゃうのね。花柳さんが「おい、よせよ、よせよ。くすぐってぇよ」って。それで次の日、土瓶の蓋、あれ、チョンと摘む所があるじゃない。「これでいいかぁ」ってその蓋を着物の胸に入れてね。それでも私、手ェ突っ込んで（笑）。

六つなのに、台本丸々、全員の台詞を覚えちゃったの。だからみんなが「今月は秀坊がいるから、プロンプター要らねぇぞ」って。私が腹話術みたいに、知らん顔してコショコショって、人の台詞喋って教えるらしいの。

ずっと後年には、川口先生に頼まれて、水谷八重子（初代）さん主演の「櫻山おせん」という舞台の衣裳を担当したんです。川口先生書き下ろしの桜にまつわる話だから、水谷さんの着物もグレーの地に桜がパラパラと散ったようなのを三、四反見つけて、楽屋にお持ちしたんです。「今回は私のような者が衣裳をやらせて頂きますけれども、選んできましたので見て頂けますか？」って言うと、水谷さんが「私、高峰さんを信用してますから、全部お任せします」とおっしゃった。すごいと思いましたね。何を着ようと私は私という、役者としての揺るぎない自信ですね。やっぱり偉くなる人は違うと思いましたよ。

――こうして伺ってみると、人から人へ、それこそ撮影所以外の、それも錚々たる方々とつながっていってるんですね？

高峰 そうですねぇ。だから骨董と同じで、安い物からだんだん見ていくと時間がかかるけども、いきなり上野の博物館みたいな所へ行っちゃって、「何だ、これ」って、わからないなりに国宝級の物をたくさん見ていると、今度ペケな物を見た時に、「あ、これ、ダメ」ってすぐわかるわけですね。だから私の場合、そういう偉い方々に初めてお目にかかる時でも、事前に調べて「あー、大変な先生に会うんだ。こりゃ大変だ」なんて先入観がなくて、ただポーンと突っ立ってるって感じでしたから、後になって、「あ、この人偉いんだ」とわかるという風に逆に行っちゃったのね。いつも虚心坦懐、素手でヌーッと立っていればあちらがなんとかしてくれます。

虚心坦懐と言えば、あなたは確かゴルフなさるんでしょ？　私はゴルフのボールも見たことなかったんですけど、昔、「三百六十五夜」（昭和二十三年・新東宝）という映画で、私が扮する令嬢がゴルフをしてるところがラストカットだというんで、プロのゴルファーに教えてもらいながら撮ったんです。その人が「私の言うようにやって下さい。クラブはこう持って、楽にして、足はこのくらいに開いて……自然に、そう自然に。はい、やって下さい」って言って、私がその通りにクラブを振ったら、もう球がパーンって飛んで、見えなくなっちゃったの。スタッフも驚いて、撮影は一発ＯＫ。

だから私、「へぇ、ゴルフって簡単じゃないの」と思って、またクラブを振ったら、土かっぽじったり、球がまだそこにあったり、全然ダメ。つまり、その時点でもう欲が出てるのね。うまく打ってやろうと。でも初めての時はプロの言う通りに、無になってやったから見事に飛んだ。それで、「ああ、これが虚心坦懐ということか」って思ったんです。

だから、さっきの〝はらわた〟と虚心坦懐が私の人生の目標なんです。

―― 今日は貴重なお話、そして思わぬ小社とのご縁を伺えまして。もしかしたら今頃は、重役室にいる高峰さんから、「君、ちょっと来なさい」なんて呼ばれてたかもしれませんね。

高峰 七十五歳じゃ無理ですよね（笑）。

（『オール讀物』一九九八年十二月／インタヴュー＝編集部）

志賀直哉先生と谷崎潤一郎先生

私は前から志賀先生の大のファンで、もうどうのこうの文句なしにスウハイ者であり、私のいわゆる大好きな人は「志賀先生」なのであったから、その喜こび方といったら一寸《ちよつと》したもんだった。谷崎先生の「痴人の愛」は前からやりたいと思っていたのだが、望み叶って今度映画化される事になっている。とにかく両先生に御めにかかれると言うので心わくわくどきどきで自称、バッタのお秀も前の晩などはねむられぬと言うさわぎだった。

×月×日

志賀先生の御宅は熱海と湯河原の真中辺の美しい高台にある。土間のある京風の美しいお宅だった。先生と奥さんとお嬢さんがお出むかえ下さって「さあさあどうぞこちらへさあ」と優しく案内して下さる。

リヴィング・ルームから正面に初島がみえお庭のたった一本の紅梅が静かに雨に煙って美しい。私はものすごいキンチョウ振りで、一てんをみつめたまま、コチコチになってかしこまっている。椅子にかけていても宙にういている様でギコチなくおぼつかない。首をまわすとギイとでも言いそうだ。溜息が出る。肩がこる。お嬢さんが私のファンとかお聞きしたので持っていた写真を差上げる。

お嬢さんはそれをそっくりお父様に渡される。先生は黒ぶちの眼鏡をおかけになってフームフームとニコニコしながら一枚一枚ゆっくりと御らんになるので、私はもう恥かしいし逃げ出したくなった。奥さんとお嬢さんが代る代るお茶とお菓子を運んで下さる。

内外の映画のお話、先生の作品の映画化等のお話が出る、先生は本当によく映画を御らんになっていらっしゃるのでびっくりした。

私は自分が少年俳優だったら「小僧の神様」を演りたいと口の中でもそもそ言うと先生はニコニコしてそういいかも知れんねえと仰言った。先生の窪んだ御眼は美しくって上品でそして優しかった。あごの山羊の様な白いおひげがお話する度こまかくふるえる。

私は先生とお話するとは名ばかりで何か言おうとするとほっぺたへカーッと血が上る。声はのどへひっかかってスウスウ言うばかりでさっぱり音になって出ないのには我れながらおどろいた。こんな事は私にとっては生れて始めてのケイケンだった。先生は最近出版された「にごった頭」と「蝕まれた友情」にサインをして下さった。

私は嬉しくって嬉しくってそれをひざの上にのせてはなさない。

文藝春秋の写真班がパッパッとフラッシュをたく、写真やは嫌いだけれど今日だけは違う。不良のフラッシュ等あると真剣になってがっかりする。これもまた生れて始めてのケイケンだった。お茶をいただいてお菓子をいただいて、雨はまだしきりと降っている。

二時間もお邪魔をしてしまったのでそろそろおいとまする事にして、いやいや腰を上げる。また御三人で送って出て下さって、傘がどうの靴がよごれるのと世話を焼いて下さる。先生は御手製だがころぶとあぶないからと一本の杖を下さった。私はそれにすがって、ふり返りふり返り坂を下りた。バスにのると一度に疲れが出てもうがっかりしてしまった。
こんなにシンから疲れたのもまた生れて始めての事だった。

（『鏡』一九四八年十一月）

志賀直哉邸で。

ライオンとデコと

谷崎先生はライオンに似ている。あんなこわい顔をした人と、よくお話ができますね、とひとに言われて、あらためてビックリしたりする。私はライオンにとまったハエだから、勝手にじょうだんを言ったり、おしゃべりをしたりできるのかもしれないけれど、先生は決してこわいライオンではない。江戸ッ子的なキサクさと、インギンさがこわさを吹きとばす。

やさしいライオンだ。

先生にはじめてお目にかかったのは、「細雪」よりも前だから、もうずいぶんになる。先生とお話していると、何かピカピカした大きな才能に惹かれて、夢中でおしゃべりしてしまって、あとで家へ帰ってからぐったりする。でもすぐにまた行きたくなる。

このあいたテレビ放送を拝見して、三十年、四十年という、ゆかり深いお友達、知人の方々に囲まれていらっしゃる姿に、人間の生きてきた歴史と年輪をしみじみ感じた。

先生に較べて、ほんのチンピラの私が、三十五歳になったと言って、あせったり、いらいらしたりするのが、おかしいくらいで、あのテレビの後ですっかり落ち着いてしまった。人間がひとつ仕事に打ちこんで、年をとってゆくということは、いいことなんだナと、嬉しくなってしまった。
近頃ライオン先生は、やさしくなりすぎたような気がする。ご健康に気をつけて、いつまでも良いお仕事をして欲しいと祈ります。

（『週刊公論』一九五九年十一月二十四日）

先生と私

谷崎家とのおつき合いは、昭和二十五年、『細雪』の映画化で、私が末娘の妙子を演じたときにはじまる。

熱海のお宅へはじめて谷崎先生をお訪ねしたとき、先生は畳をなめるようにして「ヘエヘエ、はじめまして、どうぞよろしく、ヘエ、ヘエ」と丁寧にお辞儀をなさり、私が二度も三度も頭をあげかけても先生の頭はまだ下ったままなので、閉口したことをおぼえている。谷崎先生が、妙子のモデルである嶋川信子さん（松子夫人の妹さん）に芦屋言葉を習うように配慮して下さったり、劇中での地唄舞の『雪』は、武原はん女史に教えを受け、地唄は富崎春昇先生が特に出演なさるなど、なにからなにまで一流づくめで、映画『細雪』も当時の超大作と言われたのだが、たゞ、私の妙子に関する限りは超失敗作ともいうほどに不出来だったことは、今でも谷崎先生に対して申しわけない気持ちで一杯である。

その『細雪』以来、十数年も有形無形にお世話にもなり可愛がって頂いたが、おつき合いといっても先生のような偉い方と私のようなぺエぺエに共通の話題などあろうはずがなく、先生とのどの思い出の中にも、瓢亭やたん熊の料理とか、アラスカのビフテキとか鳥ヤサの鳥スキとか、美味しい食べものが出て来るばかりで、谷崎先生と私の間は終始、美味しいものだけでつながっていたと考える他はない。

谷崎先生は想像を絶する美食家であった。朝食のパン類は、熱海から銀座のケテルまで買いに行き、美味しいもののためには京都まででも出かけて行かれた。私がお目にかかるのはたいてい食事寸前の時間であったから、先生はいとも楽しげにニコニコソワソワと御機嫌がよく、例に依って丁寧なお辞儀が終ると、子供のようにぴったりとお膳に向い、御馳走を待ち兼ねて、お箸で茶椀を叩きかねない様子であった。

食べもののこととなるとすぐに慌てる先生の指先きがあッという間にお椀をひっくり返し、すまし汁がピシャ！　とテーブルに流れたとたん、先生の唇がその汁を追いかけて、チュウッと音立てて吸い上げた風景も懐しく思い出される。そんな時の谷崎先生は、天衣無縫というか天真爛漫というのか、常日頃雑誌のグラビア写真でお目にかかるライオンのようなこわい表情の先生と同一人とは信じ難いほど無邪気で朗らかで、そんな先生しか知らない私にとっては、文豪、巨星、谷崎潤一郎、の名前はどうしてもピンと来ない。ただ、先生は、お目にかかる度びにこちらの健康状態を必ず気にされ、「今日は眼に張りがあって元気そうだ」とか「その口紅の色はとても美しい色だ」とか、また、変った布地の着物などには必ず手をのばして、指先きでその感触を楽しんでいられた、そんなところだけが、普通の人？　とは一寸変った、谷崎先生らしさ、といった印象を私は持っていた。

お仕事の他に、谷崎先生の生活の中で最も重要な位置を占めていた美味しいもののかずかずも、その後の何年間かは心臓の発作と右手の疼痛という病気のため、極端に制限されて、左手に持ったスプーンでプリンなど少しづつ口に運んでいられる様子を見ているだけでも、こちらの方が情なくなって胸が痛んだ。しかし、或る小さな手術のあとの先生はにわかに元気を取り戻し、子供のようにはしゃぎまわって、京都や東京の美味しいものを片っぱしから食べ歩き、今度は見ている方がハラハラするほど、それは止め度のない食慾であったが、最後にお好きなものをふんだんに召上って亡くなられたことだけが、美食家の谷崎先生を知る者へのせめてもの慰さめかもしれない。
亡くなる一ヶ月前に「どこかに美味しいビフテキはありませんかえ?」という電話を頂いたのが、先生の元気なお声を聞いた最後になった。

（『毎日グラフ』一九六六年十一月二十七日）

谷崎潤一郎と。

偉大なる食いしん坊　谷崎潤一郎先生の亡くなった頃

「どこかにおいしいビフテキはありませんかね？」
というお電話をいただいたのが、谷崎先生との最後の会話になってしまった。それから一か月もたたぬ間に、先生の告別式に出席した私は、どうしても先生が亡くなったとは信じられなかった。献花のときも、先生が生前お好きだったというくちなしの花束を胸に抱いてのんきな顔をして祭壇に進んだ、その私の目にいきなり、そこに安置された小さな四角い箱がとびこんできた。「先生が、この中に……あの谷崎先生が」そう認めたとたん、思わず私はわけのわからぬことを先生に話しかけていた。支離滅裂で何を言ったのか知らないが、いま、お話をしなければ先生とはもうお目にかかれない、ということだけが私を混乱させたのだろう。呼びかけても、話しても、もうお返事がない、ということを納得することが恐ろしくなって、私は祭壇に背を向けて、逃げるように走り下りた。

やたらと涙が出る。でも先生が亡くなったなんて信じられない、信じられないというより、信じたくない。でも嗚咽がこみあげてくる。信じたくなければ信じなくたってかまわないじゃないか、「先生は死んだと思え……」なんて、誰も言ってやしない、でも……あの小さい箱はなんだ、喪服を着てうつむいているこのおおぜいの人たちはなんだろう、泣き疲れて今にも倒れそうな谷崎ママはいったいどうしたのだ。何があったというのだろう。

八月三日は本当に悪夢のような日であった。


谷崎家とのおつきあいは、私が映画で『細雪』の妙子を演じることになった昭和二十五年にはじまる。先生の御好意で、妙子のモデルといわれる嶋川信子さんに、本当の芦屋言葉を習うことになった私は、しげしげと谷崎家に出入りをし、熱海のお宅に泊まりに行った。私がお訪ねすると、谷崎先生はいつもあわただしく玄関にとび出していらして、私にスリッパをすすめると、ご自分は土間へおりてガチャガチャと、鍵をかけられる。それからお風呂場へ走って湯舟に手をつっこみ、湯かげんをみながら、「おい、ぬるいぞ」とか「あつすぎるじゃないか!」とか怒鳴り、それからやっとお座敷におちついて「ハイ、こんにちは」のごあいさつになるのだった。その頃、おっとりと美しい奥様や恵美子さんは、私のためにやれタオルだ、石けんだ、お茶だ、といっとき右往左往のさわぎをされる。先生は、私の持参したおせんべいの箱など開けて、「このつぎはこの砂糖のついたのはいらないな……」とか、なんとか一人ごとをおっしゃりながら、目をギョロギョロさせて、気に入ったおせんべいだけをボリボリボリとたてつづけに口に放りこみ、さっさとフタをしめて、ごていねいにヒモまでかけ、サッと押入れにしまってしまう。そして「ごゆっくり」とおじぎをなさって奥へ消えてしまう。だから、ママや恵美子さんは、いつも私の持っていったおせんべいを食べそこなってしまうのだった。

先生はお家の中で、誰よりも一テンポ早かった。朝、早いうちにお仕事を済ませた先生は、気が向くとフラリとお茶の間に現われて廊下の籐椅子に腰をおろし、庭を眺めているようなふりをして、女たちのおしゃべりを、耳だけこっちへ向けて聞いていた。そして、押入れを開けて、また、おせんべいを取り出し、ご自分の好きなだけ召し上がると、例のごとくヒモをかけて押入れにしまう。そして、私たちにはギリにもすすめて下すったことがなかった。おせんべいの一件は、はじめ私にはずいぶんとこっけいで不思議に思えたが、だんだんとおつき合いが重なるにつれて「おいしい食べものが、いかに谷崎先生の生活において重要な位置を占めるか」がわかってきた。おせんべいだけではない。チーズケーキを届ければ、これも一人で平らげて、おなかをこわしたり、また好物のパイナップルを届けたときも、あとでママに「いかがでした?」とお電話したら、「主人が一切れ食べては冷蔵庫に入れてしまうので、私たちには味もみせてくれません。まだ半分くらいもあるのに……」というお返事だった。

先生の徹底した天衣無縫な食いしん坊ぶりは、先生の偉さやこわさからは誠に縁遠く、食事のときの先生は別人のように親しみやすかった。食べものを見るときの、あの熱心な目の色。楽しげに忙しく動く唇。おわんの汁を吸う「ジューッ」という精力的な音。そして、食後の満足げな、赤ン坊のような顔。忘れられない先生の思い出である。

谷崎先生と、私のようなヘナチョコの間に、なんの話題があるはずもなく、いうなれば、おいしいものをごちそうになることでつながっていた十何年かであった。あれは『細雪』の撮影中のことだったろうか、谷崎先生と、幸子の谷崎夫人、雪子の渡辺夫人、妙子の嶋川夫人、悦子の恵美子さん、それに私と六人で、おすしを食べに行ったことがあった。おすし屋の飯台の上で、まだピクピクと動いているエビの生きづくりを、先生は、こよなく満足という表情でポイ! と口の中へ放りこむ。

女たちは、キャーと大げさに声を立てては、先生をヤバンだの、ザンコクだの、となじる。美しい芦屋言葉と先生の江戸前のパッキリとした言葉がいったりきたりで、あとはなごやかな笑い声。いつも静かな渡辺の奥さんまでが、谷崎ママの肩にすがるようにして笑い出した。

――「娘《とう》さん、どうぞ早うお上り下さい」

と、親爺が例の癖を出して、まだ手を着けずに眼の前の鮨を見守っている雪子に云った。

「雪姉《きあん》ちゃん、何してるのん」

「此の蝦、まだ動いてるねんもん。……」

雪子は此処へ食べに来ると、外のお客達と同じ速力で食べなければならないのが辛かった。それに、切り身にしてまで蝦の肉が生きてぶるぶる顫えているのを自慢にする所謂「おどり鮨」なるものが鯛にも負けないくらい好きなのではあるが、動いている間は気味が悪いので、動かなくなるのを見届けてから食べるのであった。

「その動いてるのんが値打やがな」（中略）

「車海老やったら恐いことないけど、食用蛙は恐かったわなあ、雪子ちゃん」

「へえ、そんなことがあったんか」

「ふん、あんさん知りなされへんけど、いつか渋谷に泊ってた時に、兄さんがあたしと雪子ちゃんを道玄坂の焼鳥屋へ誘うてくれはりましてん。そしたら、焼鳥のうちはよろしゅおましたけど、しまいに食用蛙を殺して焼くねんわ。その時蛙がぎゃッと云うたんで、二人とも青うなってしもて、雪子ちゃんはその晩とうとうその声が夜じゅう耳について、……」

「ああ、その話止めて、――」

雪子はそう云って、もう一度しげしげと蝦の肉を透かして見て、「おどり鮨」が躍らなくなったのを確かめてから箸を取った。

（『細雪』中巻より）

私は、名作『細雪』の一節を目のあたりに見るような錯覚をおこして、うっとりとしてこの光景を眺めていた。

私が、松山善三と結婚したのは、先生が伊豆山のお家に移られてからだったが、お花見のご案内をいただいて、「さて、先生のお庭には桜の木があったかな?」と考えながら出かけてゆくと、先生ご自慢の京都の御所のしだれ桜、実は小指ほどのヒョロヒョロとした桜の木が、つっかえ棒だらけでやっと立っていて、花はつぼみも合わせて全部で十りんほど、緋もうせんには蒔絵のお重に朱塗りの杯、とびきり上等のお花見のごちそうが美しく並んで待ちかまえていた。なんとも大げさで、ごたいそうで大時代で、ふだん私たちの住んでいるこせついた世界とはまったくかけはなれた風景である。しかし、これが谷崎先生の世界なのだ。

また、京都、祇園の料亭一力で、若い私たちをむりやり正座に据えた先生は、ひじつきに寄って京舞を眺める。古く美しい一力のお座敷、金びょうぶ、二本の燭台、そして、地唄舞。これが谷崎先生の世界なのだ。

私たちは、ほこりと喧噪の東京から時々のがれては、先生の世界の空気を吸いに出かけ、キツネが落ちたようになって帰ってきたものだった。

ある日、京都の先生から「緑が美しいから遊びにいらっしゃい」とお誘いをいただいた。私たちだって、たまには遠慮をすることもあるから、ていねいにご辞退申しあげると、「来てもらいたくなければ、はじめから招待はいたしません。潤一郎」これだけのお手紙が速達で飛んできた。大きいデンデン虫のような先生の字が便箋からはみ出さんばかりで、まるで先生が目をむいて怒鳴りつけているようである。ギョー天した私たち夫婦は、なにもかもおっぽり出して京都へ駆けつけた。京都へ着くと、旅館「佐々木」の女中さんが迎えに来ていて、宿へつくと間髪を入れずに先生から「よく来たネ」とお電話があった。こうして先生のたてたスケジュールで、私たちの京都旅行がはじまった。

○月○日

午前十時、宿へお迎えの車。

詩仙道、寂光院、見物のあと、昼食はたん熊。午後、島原でかしの式。夜は一力で祇園料理、舞を見る。

○月○日

壬生寺のドンガンガンを見物。

二条陣屋を見物。春も浅いのでまだ寒い。私たちは縮みあがっているが、先生が一番お元気でスタコラ先きに歩いてゆかれる。

○月○日

昼食は、佐々木へ鳥政の肉をご持参になり、ご自分でスキヤキを煮て「もっと食え、もっと食え」

と強制する。

午後、ドライブ。

夜は、河繁の関西料理。
○月○日
午後、お迎えの車をいただき、嵐山で水あそびなどして、吉兆でひる寝をせい、とのこと。水あそびとは何ぞやと思って吉兆へ到着すると、ボートの用意がされていて、松山と一時間ほどボートを漕ぐ。吉兆へ戻ると午睡の用意がされていたが、眠くないのでウロウロしていたら、先生ご夫妻が現われて、豪華なお料理をごちそうになる。

「嵐山がわが庭のようでしょう」と、先生はご満悦だが、そんな大それたことは、生来みみっちい私たちにはかりそめにも考えられない。けれどムリにそう思ってみることにした。
○月○日
祇王寺の帰り、竹ヤブを散歩中に雨が降ってきた。車のあるところまで遠いので、先生はマフラーを頭からかぶり、あごの下で結んで垂らしたので、ゴンベエの種マキのような格好になった。

食事にゆきづまったからどこか珍しいところへ案内せい、と言われるので、少々下品な肉屋へお連れする。肉屋の仲居さんはゴンベエの種マキをうさん臭そうに見ていたが、お座敷へ通ってやおらマフラーを外されるや「ウヘェーッ」と言って平ぐものように這いつくばった。

肉のバタ焼きを、先生は際限なく召し上がる。
○月○日
帰京。

十二時の汽車で、ご一緒。

発車間際に、大きい白い風呂敷包みが車内に運ばれた。なんだろうな、と思って見ていたら、ガタン！　と発車したとたん、その包みが開かれて、私たちにも配給になった。たん熊のお弁当で、まだホカホカしている。発車直後のこととて、まだ通路もざわついているというのに、窓外を眺めながらお弁当をパクついている先生の満足気な横顔がおかしくて仕方がない。

　ざっとこんなスケジュールで、その豪華なゆき届いたおもてなしに、ただただ恐縮してしまったが、「客人をもてなす」ということは、こういうことなんだ、と、いたくキモにめいじた。

　熱海へおよばれしたときも、食事は必ず先生のお宅でいただいた。宿のふとんが固いのよ、とつい口をすべらしたら、その夜谷崎家の女中さんたちが、ウンショウンショ言いながら軽い蒲団を運びこんできてしまう。おひるは重箱のうなぎが届き、おやつにはおいしいケーキが届く。宿のお勘定はすべて先生にくっついてしまうらしく、一度も払ったことがない。私たちの払ったお金といえば、食べすぎてかかったアンマ代ぐらいのものだった。

　食べもののことで、私がいちばんびっくりしたのは、浜作か辻留でごちそうになったときのことだった。先生はその夜を非常にたのしみにされていたらしく、ごちそうの来るのを、いまや遅しとソワソワされていた。「お待たせしました」という声と同時に、鯛のうしおだか、はもの吸物だか忘れてしまったが、とにかく美しいお椀が運ばれてきた。食べもののこととなるとすぐにあわてる先生の指先が、あッという間にお椀をひっくり返し、すまし汁がビシャ！　とテーブルに流れた、とたん、先生の唇がその汁を追いかけて、ちゅうと音立ててそのこぼれた汁を吸いあげたのである。そして先生は「ああ、もったいない、もったいない」と呟きながら、お椀の中をのぞいた。

　私は、谷崎先生の怒った顔を二度見たことがある。一度は、これもある日本旅館で夕食をごちそうになったときだった。この夜は、谷崎夫人と松山、私の他に、もう一人松山の友人がご相伴させていただいていた。日本料理のコースが終わりに近づくにつれて、先生はだんだん無口に不機嫌になっていった。そして、デザートが運ばれたとたん、先生は旅館の女主人を呼びつけて大声で、赤くなって怒り出したのである。「私は年よりだから、こんな食事でもかまいません。しかし、この若い男の人たちが今夜の料理で満足できると思っているのですか！　量も少なきゃ味もうすい！　こんなものがごちそうだなんて、私は恥しい……」その、あまりの剣幕におどろいた私たちは「イエ、おなかいっぱい……」とうつむいても、先生は「イイエ！」とさえぎって承知しない。実は先生が一番不満だったのではないだろうか、とあとで考えて笑ってしまった。

もう一度は熱海のお宅で天ぷらをごちそうになっていたときのことだった。どこかの雑誌社の人たちが、何かのお礼で玄関に現われた。そのときも、先生は箸を置くや、いきなり仁王立ちになって真赤になって怒り出した。「人が食事をしているというのに、むやみと挨拶なんかに来られては困ります。食事中、はなはだ迷惑です！」と。奥さまが「せっかく東京から見えたのに……」とオロオロしていられても、先生はガンとして天ぷらを食べつづけるばかり、物を食べながらあんなに恐い顔をしている先生を、私はあとにも先にもみたことがない。

こんな風に、私のもっている谷崎先生の思い出はみんな食べることにつながっている。こんなに食べることの好きな先生が、ここ何年間か、右手の故障と心臓の発作のために、医師から食事を制限されていたことはどんなに辛いことだったろう。その先生が今年のはじめに小さな手術をされてから突然めきめきと快くおなりになって体力もとり戻し、ふたたび旺盛な食欲を発揮され出した、ときいたときは、バンザイだ、バンザイだ、と私は嬉しくなった。先日、谷崎ママが見えたとき「仕事もできるようになりました。毎日毎日食べ歩き、少々度がすぎるようで心配ですけれど……」と言いながらも、嬉し泣きに泣いて、喜んでいらした。東京の食べものにゆきづまって、京都まで出かけるが……、と私たちもお誘いをいただいたが、私たちは仕事中でお供ができなかった。京都からは、こんな珍しいものを食べた、とメニューを送って下さった。昔、まだお元気の頃にハワイ旅行をすすめても「飛行機がいやだもの……」とおっしゃっていられた先生が、今度の関西ゆきはジェット機に乗られ、「自信がついたから、いよいよハワイへゆこうかな」とおっしゃるほど元気になられたのに……。そして、三日の告別式の前の日、つまり八月二日には久しぶりにお目にかかってごちそうになることに決まっていたというのに……。

突然の訃報に驚いて、湯河原へ駆けつけた私たちは、先生にお別れするよりも、谷崎夫人のお顔を見るのが辛かった。夫人と恵美子さんと私はおでこをくっつけて泣いた。恵美子さんに「ママをよろしくお願いします」と言われたけど、私なんかに何ができるものではない。先生がいない谷崎ママに、誰も何もしてあげられることなんかありはしない。先生がいなくちゃ、ママは駄目なんだもの、先生はなんで細い箱の中になんか納まって、白菊のふとんなんか着てのんきな顔をしているのだろうか。

私は以前、何かの雑誌に「谷崎先生は三越の前のライオンのようだ」と書いたことがある。今日の先生はライオンどころかまるで仔猫のようにかわいらしいお顔を白菊に埋めていられる。先生らしくない。絶対ない。先生はいつまでもライオンのようであってほしい。

ビフテキさがしの前のお電話は、仕事部屋さがしのお電話だった。疲れたら横になれるベッドと、大きな机のある、仕事部屋に使えるホテルはないか、というご相談であった。「仕事がしたくてね、どんどん頭の中に湧いてくるんです。同行、妻と秘書、間に歯医者にも通わなくちゃならないし、とても忙しいんです。へへへ」というお声は、受話器を通してビンビンひびいてくるような若さとつやにあふれていた。
手術のあと、ここ何週間という短い間だったが、長い闘病生活から解放され、子供のようにはしゃいで、おいしいものを食べて食べて、食べまくって、亡くなられたことだけが、先生を知る人たちのせめてもの慰めかも知れない。そう思ってあきらめようとしても、また、明日あたり、「おいしいビフテキはありませんかね？」と、先生の声が、いまにもきこえてきそうで、私はまた、悲しくなるのである。

（『瓶の中』一九七二年）

谷崎先生への手紙

谷崎先生

おかげんがお悪いそうですが、その後如何でいらっしゃいますか？　奥様から一本もお便りがなかったので、何かあったのではないかと気になっていたのです。

そうしたら、奥様から先生のご病気のことお知らせいたゞいて二人ともがっかりしてしまいました。

先生、ほんとによーく御養生なすって下さいね。

私達も心配で、毎日がユーウツになる位気持ちが熱海の方にとんでいます。お医者様の御言る事をよくきいて下さい。先生はお太りになっていて、神経ばかり細いからいけません。どうぞ病気なんかに知らんかほして、早くよくなって下さらないと困ります。

私達は遠いパリから、「先生早くよくなって下さい」って毎日何かに向かってお願いしています。さて、これから私達の事を少しかきます。私達の旅行も早いものでもう六ヶ月になります。六ヶ月は忙くて短かい期間ではないのに、ドイツやスペインに旅行をしている間にアッという間にすぎてしまいました。

日本もお正月は寒かったそうですが、パリーも一月の始めには、雪がとても降って、それも大つぶのぼたん雪が、見る〳〵つもってとてもきれいでした。

けれど日本よりもずっと寒いので、寒がりの私達はすっかりしなびてしまいました。それで予定よりも少し早めにパリーを出て、明るい太陽のイタリーへゆき、そこで二週間ばかり虫干しをしてから、マルセイユから船に乗るつもりです。日本へ着くのは三月の二十九日です。その頃には先生が前よりも元気になられて、又、美味しいものバリ〴〵召上がって、ついでに私達も御ちそうになりたいものだと思います。

日本から送ってきた週刊新潮の先生の大きな写真、とてもなつかしく拝見しました。

松山と二人で「ワァ、先生だ」って長い間ながめていました。元気なせっかちの、そして大喰いの先生が、今頃はお床の中でお好きなものも召上がれずに、イラ〳〵なすっていられると思うと、何とも言へぬ口惜しさです。

先生は余りえらすぎるから、私達はお手紙書きたいと字や文章のまづさを考へてつい〳〵止めてしまいます。でも今日は「先生、無理をせずに、早く〳〵よくなって下さい」と心からそう書きたくてお便りをしました。

元気な先生にお目にかゝれるのを楽しみに〳〵してをります。

パリーにて　　松山秀子

（『プレイグラフ』一九六二年一月創刊号）

志賀さんのお手紙

昭和二十五（一九五〇）年五月、新東宝砧撮影所では小津安二郎監督の製作する映画「宗方姉妹」のスタジオ撮影が始まろうとしていた。「宗方姉妹」の姉は田中絹代が演じ、私は妹役である。私をはじめスタッフ一同の待機するスタジオは水を打ったように静かで、ピーンとした緊張感がみなぎっていた。小津監督の指導の厳しさは映画界に知れわたっていた。

私は戦前に子役として、すでに「東京の合唱」をはじめ何本かの小津作品に出演していたが、戦後としては初めての小津さんの映画であった。

やがて小津監督はおなじみの白ワイシャツに白いピケ帽で現れ、クランクインとなった。監督は役者たちの緊張をほぐすかのように冗談を連発するのだが、その冗談は高級すぎるのか、周囲の人たちの笑いは爆発することもなくさざ波のように広がり、消える。そしてご多分にもれず、俳優の演技・セリフは何十回となくＮＧがだされるのだった。私と父親役の笠智衆とが廊下に座ってしゃべるシーンを撮ったときのこと、ふと見るとベテランの笠の、手にもった茶碗が小刻みにふるえている。それを見た私のからだにもふるえが伝わり、とまらなくなってしまった。

その前年、私は映画「細雪」の出演がきっかけで原作者の谷崎潤一郎夫妻と知り合い、その後もずっと親しくさせていただいた。京都のお宅や熱海の別荘にもよく泊めていただき、お嬢さんの恵美子さんとも仲良しになった。

たしかこの「宗方姉妹」撮影の年のことだったと思う。私は小津監督の紹介で志賀直哉とも知り合いとなり、熱海や、後に移った渋谷常盤松の志賀邸を何度か訪ねたことがある。ごぞんじのように志賀さんと谷崎さんは永年の親友であり、小津さんは熱烈な志賀ファンで、おふたりは数年前から親しく行き来していた。

そんなある日、熱海大洞台の志賀さんの家に遊びに行っていると突然雨が降りだした。志賀さんは帰りぎわに「家の下の坂で滑るといけないから、杖をもってゆきなさい」と杖を渡してくださった。当時の私は二十五歳、心中、杖がいるほど足腰やわじゃないわ、とつぶやいてみたものの、志賀さんはむりやり杖を私に押し付け、玄関の前で見送ってくださっている。やむなく私は、左手に傘、右手に杖という格好で急な坂をそろそろと下りはじめた。後ろから「その杖は、用がすんだら谷やん〔谷崎潤一郎〕にやって下さい。あいつなら似合うから」という志賀さんの声が追っかけて来た。このようにして私は熱海にある志賀家と谷崎家の間を行ったり来たりして、時には伝言を頼まれたりしたし、志賀さんの末娘喜美子さんとも仲良くなった。谷崎家の恵美子さん、志賀家の喜美子さんは、私のお古の洋服を、喜んで着てくれたものだった。

昭和二十六年六月から約半年、私はひとりでパリに住んだことがある。子役のころから映画界で働きどおしで心身の疲労がピークに達していたし、人気女優という看板をはずしてふつうの人間として生活してみたい、そんな希望をかなえてくれるところは外国しかなかった。さいわい、仏文学者渡辺一夫が昔下宿していたという家庭を紹介してくれて、そこの未亡人とその年老いた母は、私を子供のようにかわいがってくれ、私は遠い異郷の地で、人情の温かさを初めてのように経験した。

翌年一月に私は帰国し、またもとの女優生活にもどった。その年の四月に私は小津安二郎、上原謙夫妻らと熱海の志賀邸を訪ねた。そのときのことが志賀さんの日記に記録されている。冷汗三斗の思いだが、引用させていただく。「二十五日……午后小津安二郎　高峰秀子　上原謙夫妻来る　秋庭俊彦も来て、客と自家《うち》の者合はせて十三人になる　二タ部屋に分ける。秀子色々パリの話をする、話却々《なかなか》面白く、賢いところ気持よし、五時過ぎ四人帰り……」。もう私の記憶もさだかではないが、このとき私がもっぱら土産話をしたらしい。そしてこの年五月末、志賀さんも梅原龍三郎、柳宗悦と一緒にフランス、イタリア、スペイン、ポルトガル、イギリスの長旅に出発された。

昭和三十年三月、私は木下惠介監督の「二十四の瞳」に出演中に親しくなった助監督の松山善三と、ささやかな結婚式を挙げた。そしてこの年、パリ滞在の経験を記した『巴里ひとりある記』、さらにもう一冊『まいまいつぶろ』というエッセイ集を出した。二冊目の本を志賀さんに献呈したときにいただいたお手紙が大切にとってあるので、それを紹介させていただく、七月一日、軽井沢町の旅館「つるや」から出されたものである。

拝呈　先頃の御結婚御祝ひ申上げます　その時申しそびれ大変失礼致しました。それから御著書ありがたく拝受。早速通読大変面白く思ひました。「巴里」よりも一段と心境お進みのやうな気がしました。家族のものその他行列で拝見することになつてゐます
此所で梅原〔龍三郎〕に会ひ御住所知りました。
私も一ト月前渋谷常盤松四〇といふ所に転居しました。ある時遊びに来て下さる事を望んでゐます　電話は青山の六三四八です。

今日も午后から梅原を訪ねる事にしてゐます

御礼草々

七月一日

志賀直哉

高峰秀子様

私は志賀さんからもう一通、子役時代に出た「馬」という映画の感想を書いたお手紙をいただいたのだが、どこにまぎれこんだのか見あたらない。お手紙の文面は「「馬」を見た夜、ススキの大草原を一頭の馬が走つてゐる夢をみました」というものだった。

梅原先生にも谷崎先生にも志賀先生にも、私は大変かわいがっていただいた。今となってはどの思い出もなつかしく、私の心の宝物になっている。

（『図書』一九九八年十一月）

『小僧の神様』

　五歳の頃から映画の子役として忙しく働いていた私は、小学校すらロクに行っていない。「ガッコへ行けない」という欲求不満のせいか、撮影の合間にはひたすら、本にかじりつくようになった。本屋へ走っては、手当たり次第に本を買い込み、むつかしい本はブン投げ、やさしそうな本だけを拾って読み散らす、という、全くの乱読であった。

　映画撮影の仕事はひどく断片的である。だから、腰をおちつけて大長編小説を読み通す、ということはできない。短時間で読み切れる、という条件にかなう、詩集、随筆集、短編小説などを選び、その上、値段が張らず、手軽、ということで、わたしはいつも「岩波文庫」に手をのばした。昭和十三年頃から敗戦まで、岩波文庫の星ひとつが、まだ二十銭の頃だった。

　少年少女の頃、ただ字ヅラを追うだけで、なんの理解もできなかった本を、成人してから再び読んでみると、前とは全く違った感動や興味をおぼえてビックリした、という経験は、だれでも持っていることだろう。私もまた同じおもいを何回かしたけれど、少女の頃から今日に至るまで、一貫して私の心に住み続けている、忘れられない短編小説がある。それは、たった十数ページの短編小説である、志賀直哉著『小僧の神様』である。
ある秤《はかり》屋の小僧が、見知らぬ他人《ひと》に思いがけなく鮨《すし》を御馳走になり、その人を神様ではないか、と思う。ただそれだけのストーリーだが、はじめて『小僧の神様』を読んだとき、私の眼から涙があふれ出して困ったことを覚えている。そして、当時少女俳優だった私は「もし、自分が少年俳優だったら、この仙吉という小僧の役を演《や》ってみたい」と思った。きっとうまく演れる、という自信があったからである。

私は秤屋の小僧ではなく、世間からチヤホヤされる一見華やかな少女俳優だったけれど、年がら年中、ヤッチャ場のような職場を右往左往するばかりで、心の落ちつく時間もなく、一人の友人もなく、全く孤独であった。そんな私にとって、ときたま天から降ってくるような人の親切や愛情に接すると、感激のあまり、私も小僧の仙吉と同じように、その人を「神様」としか思えなかったものである。

「……仙吉には『あの客』が益々忘れられないものになつて行つた。それが人間か超自然のものか、今は殆ど問題にならなかつた。只無闇とありがたかつた。彼は鮨屋の主人夫婦に再三云はれたに拘らず再び其処へ御馳走になりに行く気はしなかつた。さう附け上る事は恐ろしかつた。彼は悲しい時、苦しい時に必ず『あの客』を想つた。それは想ふだけで或慰めになつた。……」

鮨をふるまわれた後の、仙吉の心境が、私には痛いほど分かるような気がしたし、そうした厚意につけ上がることを、私も極端に恐れていた。辛いとき、悲しいとき、自分にふるまわれたおりおりの厚意を思い出すだけで、私の心に温かい灯がともったように和むことも、また仙吉と同じだった。

この短編小説をはじめて読んでから、三十余年の月日が経つ。そして、現在《いま》の私は、どちらかといえば、小僧に鮨をふるまった客「A」の立場にある。ときどき、他人さまに要らぬおせっかいをやいては自己嫌悪《けんお》に陥り、後悔のホゾをかむのも同じである。

「……Aは変に淋しい気がした。自分は先の日小僧の気の毒な様子を見て、心から同情した。そして、出来る事なら、かうもしてやりたいと考へて居た事を今日は偶然の機会から遂行出来たのである。小僧も満足し、自分も満足していい筈だ。人を喜ばす事は悪い事ではない。自分は当然、或喜びを感じていいわけだ。所が、どうだらう、此変に淋しい、いやな気持は。何故だらう。何から来るのだらう。丁度それは人知れず悪い事をした後の気持に似通つて居る。……」

『小僧の神様』は、志賀直哉独特の、むだのない簡潔な文章で「人間のもつ、美しい恐れの感情」をテーマにサラリとまとめられている。私が最も好きな個所は、小説の最後の文章で、小僧が、でたらめに書かれた住所をたよりにその客を訪ねてみたら、そこには人の住まいがなくて稲荷の祠《ほこら》があった、という風に書こうとしたが、小僧に対して惨酷《ざんこく》な気がしたので、ここで筆をおく、という作者の、あとがきに似た文章である。志賀直哉という人の「小説」に対する恐れのようなものを感じることの出来る、貴重なしめくくりだと思う。

（『おいしい人間』一九九二年）

Ⅲ　作家がみた高峰秀子

豊田正子と高峰秀子

高見　順

丁度一年前である。雑誌「エス・エス」に、豊田正子が綴方教室の撮影を見に東宝の撮影所を訪ねた時のことを書いた文章が載っていた。達者な文章でそのなかに、豊田正子に扮する高峰秀子が、華やかな女優生活を「——羨ましいでしょう」と豊田正子に言ったということが書いてある。豊田正子は、つづいてこう書いている。「——私は何か言いそうな口つきをして黙っていた。此処にいる人達はみんなに羨ましがられて暮らしているのかも知れない。けれども女優と女工を較べたってしようがない。羨ましいと思えば羨ましいけれど、羨ましくないと思えば何んでもない。そんなことを考えたってつまらないと思った。生れて始めて撮影所を見せて貰って、いい気になって高峰さん達を羨ましがるなんて飛んでもないことだと思った。」辛辣な文章である。私はこれを読んで、豊田正子にそんなバカなことを言った高峰秀子というのは、なんとしたいやらしいチンピラだろうと憤慨した。子供を相手に大人気ないと言われるかもしれないが、この憎ッたらしい成り上り根性の子役めと、その横ッつらを張り倒してやりたかった。私の憤りが、どんなに激しく深いものであったかは、それから一年の間、ちっともその激しさが衰えないで、その憤りが私のうちに燃え続けていたことによって分るのである。即ち私はこの間も、ついその憤りをある人に語ったのだった。すると、そのある人は、豊田正子が撮影所に行ったときに、丁度居合わせた人で、――「そいつは、あんた、そう高峰秀子を憎んじゃ可哀そうだ」と、私に言った。そいつは反対だと言うのだ。憎ッたらしいのは寧ろ豊田正子だと言うのだ。その人の説によると、――高峰秀子は、そうしたことを、そりゃ言ったかもしれないが、それはきっと無邪気な気持で言ったにちがいない。無神経とは言えるが、子供のことで、そりゃ仕方がない。毒のある言い方をした訳ではないに違いないのというのだ。そして高峰秀子は、つまりそんなバカなことを言いそうな、（或は）言うだけ、無邪気な子で、その人の見たところでは豊田正子はヘンにひねくれた、素直な無邪気な所のない子だと、そう言うのだ。高峰秀子は子供なりに一生懸命接待して、その意味で何かと話題を見付けて話しかけて行った由、それでついバカなこともしゃべって了ったのだろうが、相手の気持を素直に取らないで妙にひねくれて取るとは怪しからん、そう言ってひねくれの実際の例を二三挙げた。今はそれを省くが、――もしその人の言うことがほんとうとしたら、私は飛んでもない思い違いをした訳だ。高峰秀子に済まない次第だ。そう言われて豊田正子の前掲の文章を読み返してみると、成程これは立派過ぎる。尋常一様ではなく、無邪気さがてんで無い。私は豊田正子も高峰秀子も、両方を知らないので、いま直ちに、豊田正子をひねくれた少女、高峰秀子を無邪気な少女という工合に断定することは憚られるが、高峰秀子への憤りだけは撤回せねばならぬ。豊田正子については、このことに関聯して色々言いたいことがあるが、場所でない故控える。ともかく、この経験は私にとって、大変ために成った。

（『映画之友』一九三九年九月）

新春・日本の空を飛ぶ　〝希望の翼号〟機上にて

坂口安吾

元旦正午、ＤＣ四型四発機は滑走路を走りだした。ニコニコと親切な米人のエアガールが外套を預る。真冬の四千メートルの高空を二〇度の適温で旅行させてくれる。落下傘や酸素吸入器など前世紀的なものはここには存在しない。爆音も有って無きが如く、普通に会話ができるのは流石《さすが》である。

読売社の年賀状をまくために高度六百メートルで東京を二周する。神宮と後楽園の運動場が意外に大きい。ビルディングは小さなオモチャ。機上から見た下界の物体は面積の大小しか存在しない。

第一周はみんな珍しがって窓に吸いついていたが、二周目には音がないから振りむくと、一同イスにもたれ飛行機は何百回も乗り飽いてるよとノウノウたる様子。チェッ、珍しがっているのはオレだけか。相棒の福田〔豊四郎〕画伯だけセッセとスケッチしているから、私も商売。ひがむべからず。

低空飛行は苦痛だ。四発の大きな図体を窮屈そうにかしげて最小限の緩速で旋回しているから、フワッと沈むエレベーターのショックが間断なく続き、その激しい時は失速して落ちそうなショックをうける。飛上して三分目に、すでに吐き気に苦しむ。東京上空旋回二十分。高度あげつつ横浜から横須賀へ。山上にまるい大穴が花弁型にたくさん有るのは旧砲台の跡らしい。東京では皇居を間近に見下してきた。日本の空にはタブーがなくなったのである。

海上へでる。すでに高度三千。海は一面に紺のチリメンの光りかがやくシワである。黒い点々は雲の影。読売の若い記者が私の肩をたたく。

「強いですね」

「何がです」

「あなたは酔わないですね」

冗談じゃないよ。三分目から内々前途をはかなんでいるのだ。しかし、そうか。飛行機に乗り飽いたわけではなくて、ご一統、のびていらせられたのか。

輸送指揮官、原社会部長、蒼ざめて現る。

「この機長、よう知っとるわい。東京の上空二回廻ってやるからビラまくのはそれだけで止めとけ言うんや。各都市毎に旋回しおったら殺人問題や。たって頼みこまんで、よかったわい」

蒼白の高峰秀子嬢に単刀直入、きく。

「ずいぶん苦しそうですね」

「いいえ！」

断乎として否定する。

「キャプテンもエアガールも、親切。本当に愉快な空の旅です！」

航空会社と読売新聞と航空旅行そのものにあくまでエチケットをつくす志。凜々しくも涙ぐましい天晴れ、けなげな振舞い。

代って純情娘の日本代表、乙羽信子嬢に、これ又、単刀直入。これは甚しく正直だ。

「ええ、とても苦しいのです」

困りきった笑顔が可憐そのものである。

「今後空の旅を利用なさいますか」

「こう苦しくては、ちょッと…」

これは又、爽やかなほど正直である。表裏一体をなし、さすがに日本娘の両代表だけの事はある。しかし誰より音をあげたのは福田画伯であった。

「僕はですね。ヘタな飛行家よりも飛行時間が多いですよ。しかしこんな苦しい旅は始めてだ。大型機のせいですよ」

結論、簡単をきわめる。実際は旋回二十分の東京見物が悪かったようだ。

酔わない人物、ただ一人。巨人軍の青田君。彼は特攻隊の飛行士だったそうだ。飛行時間二百時間の由、テレながら答える。腕に自信がないらしい。しかし僕のために説明の労をとり、空からの観察の良き指南役であった。今の高度三千六百ぐらい。青田君は教えてくれる。読売の人、計器を見て戻り、

「青田君の目測、ピタリですよ」

と、呆れた顔で私にささやく。

三原山の上空をとぶ。火口をかこんで砂漠がクッキリと、二ツの色と形が美しく面白い。西洋菓子のよう。砂漠の西方へ三本半の真ッ黒い溶岩の流出が見える。もう煙はない。富士が見える。頭だけ雪。平凡な富士だ。真上をとぶと面白い形であろうが、沖合遥かに見れば地上から見るのと同じ形の富士である。天城を越える。三原山のように砂漠がないから、冬の山々はただ単色のヒダが無限にひろがっているだけ、真上からでは下の山々にはヒダだけで高さが存在しない。

静岡、清水をすぎて雲海の上へでる。青空の深さ。太陽の白光の強烈なきらめき。熱気が顔にやき

つく。高度四千二百。これより動揺皆無。

カクテル・パーテーがはじまる。エアガールがニコニコと往復多忙である。スカアチ・ソーダ（スコッチ・ハイボール）の氷の冷めたさが沁みるようだ。にわかに吐き気が治って、酒の酔いとなる。死人が墓石を倒して躍り出たようなものだ。奈良から晴れた空を急降下、伊丹飛行場につく。耳を痛がる人が多い。急に増圧のせいだ。着陸三十分後まだ耳が聞えないとこぼす人もいる。私は潜水になれたせいか、全く耳に変化を感じなかった。

岸田兵庫県知事、ミス大阪等出迎え多勢である。伊丹ときいて、福田画伯と私は、伊丹の生一本を飲まずんばあるべからずと脱出を試みたが、軍用飛行機で外へ出してもらえなかった。さッさと機上へ押し上げられ有無を言わさず連れ戻されてしまった。

往路は見物がてら諸方ゆっくり回って二時間半。復路はまッすぐ一時間十三分。下田上空をすぎて下降、一直線に羽田へ滑りこむ。着陸のバウンド皆無。あざやかな手並。しかし降下中に皆々また苦しむ。直前に機上で食事したからだ。結論として、東京見物の低空飛行と機上の食事を慎めば（スカアチは別也）空の旅は便利で愉快なものといえよう。


（『読売新聞』一九五一年一月三日）

高峰秀子　私の会ったひと

舟橋聖一

高峰秀子さんとは、このごろ、芝の〝留園〟で催される明哲会で、時々会うようになった。大てい、ご主人の松山善三氏と同席である。

愛称デコちゃんと呼ばれているが、私はデコちゃんのよさ、面白さが、このごろになって理解できるようになった。

今まで私はデコちゃんを好きになれず、彼女のほうでも私を毛ぎらいしていたように思う。男でも女でも、おたがいに心をゆるしている場合は、いわゆるトントン拍子に事がはこぶ。両方で虫が好かないと思っていると、動くものが動かなくなる。

人間はヘソを曲げだすと、きりがないものである。たしかに私は、デコちゃんに対し、ヘソを曲げていた。途中で会っても、通り一遍のアイサツしかしたことがない。彼女のほうでも、顔と顔がぶつかれば、一言二言は口をきくが、知らずにすめば、すまそうとする様子が露わであった。そうなると、ひどいもので、いつぞや「ウエスト・サイド物語」の試写がピカデリーであったとき、すでに映画ははじまっていて、場内はうす暗かったが、私の指定席の背《うし》ろに、デコがいると知ると、映画は面白かったが、私はソワソワして、臀《しり》のおちつきが悪くなった。

然し、何を毛ぎらいするのか、自分でもよくわからなかった。これといって、衝突した覚えもないし、腹の立つ理由もない。

この反対に、男が女を好きになるのも、実は取立てて第三者を首肯させるに足りる理由なぞはないようであって、概ね目が合い手がさわったことから、段々に愛情が芽生えるのだろう。

デコのほうにも、特に私に近寄らない特別の理由があったわけでもあるまい。あったとすれば「雪夫人絵図」の映画化に当って、デコちゃんに回った信濃雪の役を蹴《け》ったことと、松山君が小説「白い魔魚」のシナリオを書くことになり、その打合せ会のため、一夕熱海の起雲閣へ出かけることになったとき、私は冗談半分、デコちゃんを心配させてやろうと思って、

「今夜は一晩、旦那《だんな》を拝借する。少し堕落させるかもしれないよ」

と言ったのが悪かったのかも知れない。それを本気にとって、怪しからぬことを言う人だと思ったのではないか。もっともその晩は清浄な一夜で、松山君を堕落させるような悪企みは一つもなかった。

彼女は大正十三年三月、北海道函館の生れ。生家は大きな料亭だったが、四歳の時の大火で焼かれ、一家離散の運命になった。この年、松竹蒲田撮影所で、鶴見祐輔氏「母」の子役募集があったので、これに応募して当選したのが女優生活の振出し——十四歳の年に、東宝へ入社したそうだ。

子役時代に声名を謳《うた》われた人は、その代りいつまでも子役のような気がするものだが、デコに対する印象も、この点がなかなか払拭《ふっしょく》できない。考えてみれば、デコのほうが、三島由紀夫や石原慎太郎より姉御なのだから、少々理屈をこね回しても不思議はないのに、昔子役で当っただけに、急に老成したような気がして、ピンと来なかったのかも知れない。婦人雑誌や流行誌などで、デコの随筆にぶつかると、どうやら文句をこねすぎているようで、戴けなかった。

にもかかわらず、彼女が努めて仕事の量を減らし、良心的なものだけを撮っているのには、心ひそかに感心していた。普通のスター女優は、欲張っているのが多く、何んでも注文ばかりとって、背負いきれぬほど、仕事の量が嵩《かさ》ばってしまう。過労疲労で結局虻蜂《あぶはち》取らずの、ひどい作品をつくっているのに引代え、彼女には「浮雲」をはじめ、精選された作品が多い。一年近くの準備期間があって、充分に想が練られる。ほかの女優のように、ギャラにもこだわらない。つまらない競争心や虚栄心もない。人を押しのけず、人と争わず、自分を大事にして、堅実に人生を歩いている——。ことに松山君との結婚以来、デコは急速に向上した、と言える。

——私は明哲会で、高峰秀子を識ると共に、この夫婦が大好きになった。彼女は文壇では谷崎潤一郎先生、画壇では梅原龍三郎画伯に傾倒している。明哲会には梅原さんも入っていられるので、デコは心から、画伯の世話を焼くのが好きである。そういう時の彼女は、いかにも無邪気でたのもしい。

かくて心境一変してみると、昔どうして、デコをあんなに毛ぎらいしたのか、ますますわからなくなってしまう。然し、私の場合、途中でこういう風に人間関係が好転するというのは、ちょっと珍しいことに属する。

（『朝日新聞』一九六四年七月九日）

高峰秀子の宝物

阿川弘之

歯医者の待合室に置いてある家庭雑誌をぱらぱら繰つてゐたら、珍しくも高峰秀子探訪記が出てゐた。話の引出し役は彼女を敬愛する若い婦人記者、手を替へ品を替へ色んな質問を投げかけるのだが、高峰さんの受け答へはぶつきらぼうそのもの、「インタビューなんかいやだ」、「めんどくさい」、「興味ない」、突きつめればそれを繰返してゐるだけ。にも拘らず、此のインタビュー記事は一種の名品であつた。

松山善三・秀子夫妻とはずゐぶん古いつき合ひだけれど、齢とつてすべてめんどくさいのはお互ひ様、往年の大女優が仕事一切やめて、世間との接触を絶ち、ひつそり暮してゐるのを重々承知のこちらとしては、ここ数年電話で話すのすら避けてゐた。いつぞや、自律神経失調症の善三さんが、「かうやつて便々と長生きしててもつまらない。ハワイの沖で二人一緒に船から海へ飛び込んで終りにしようか」と言つたら、「いやだよ。あなたは泳げるけど私は金槌だもの」、デコが拒否したと聞いて（読んで？）笑つた時も、向ふへは、なつかしいとも何とも伝へてゐない。それが今回、一筆したためたくなつた。平素、人工甘味料のたつぷり入つたやうな文章を読まされることの多い私にとつて、高峰談話の無愛想さ加減は貴重なものに思へたのだ。

「ホノルルの街角で偶然出合つて食事に誘つたり誘はれたり、あれが遠い昔の思ひ出になつてしまつた今頃、都心の歯医者の待合室でお眼にかかろうとは――」

さう書き送つたのに対し、折返し葉書が届いて、「御無沙汰してます」のあと、近況がしるしてあつた。

「私は老衰で足もヨレ〳〵になり、旅行もできないので、ハワイのアパートも売ってしまいました。一日の半分はベッドの中で読書という情ないことになっています」

読み返すのがちよつと辛かつたが、これで一つ思ひ出したのは、彼女が子役の頃から大変な読書家だつたことである。仕事の華やかさと似合はぬ渋好みで、長年愛読してゐるのは確か内田百閒、いつか何かで所感を読んだ覚えがあると、本棚を探して、二十一年前の旺文社文庫、平山三郎編『回想の百鬼園先生』（一九八六年刊）を見つけ出した。アンソロジーを構成する四十六人の執筆者（その内略《ほぼ》四十人が今では故人）の一人として高峰秀子が名前を列ねてゐた。

尊敬するもう一人の作家、識り合ふ機縁を持てなかつた室生犀星が昭和三十七年の春亡くなつた時、彼女はつくづく思つたといふ。「人間の生命には限度がある。伝えたい気持は素直に伝え、会いたい人には素直に会っておくこと」――。

だけどそれぢやあ、犀星先生亡きあと、自分が会つておきたい人つて、他に誰だらう。幼少時より映画界で育ち、人ずれしてゐて、場合によつては人の顔見るのもウンザリの自分に、そんな人物がゐるかしらと、考へた揚句思ひあたつたのはやはり「内田百閒というガンコオヤジ」だつたさうだ。

百閒の作品に夢中になつたのは、昭和十三年、百閒原作の東宝映画「頰白先生」に先生の娘役で出演した満十三歳の頃と、文庫本所収の回想記に叙してあり、それ以後の経緯を摘録すれば、「子供のまま年を取ってしまったような、ナイーヴ、ガンコ、ワガママ、イタズラな文章がなんともいえず好き」で、幾つになつてもそれは変らなかつた。

つひに意を決して七十一歳の百閒先生に手紙を書く。長つたらしいファンレターが如何に迷惑なものか、よく分つてゐるから、お眼にかかりたい、お願ひしますと、電報みたいな手紙になつた。二週間ほど待つてゐたら、縦長の封筒に入つた返信が来た。

「あなたとは、以前に一度、どこかの雑誌社から対談をたのまれたことがありました。その対談は、なにかの理由でお流れになりました。そういうこともあったので、私もあなたにお目にかかりたいと思います。しかし、私の机の上にはまだ未整理の手紙が山積みになっており、また、果たしていない約束もあります。これらを整理している内に間もなく春になり、春の次ぎには夏が来て、夏の次ぎには秋が来て、あなたと何月何日にお目にかかる、ということをいまから決めることは出来ません。どうしましょうか。内田栄造」（原文は歴史的仮名遣のはず）。

一冊の家庭雑誌がきつかけで、記憶から消えかけてゐた百閒書簡を十何年ぶりに再読出来て、私は感服した。さながら百鬼園随筆の一場面ではないか。おそらくや少しお酒が入つて御機嫌よろしい時に筆を執られたのだらうが、いたづらつ気満々の文案、一行々々丹念に組立てて何を言はんとしてをられるかといへば、要するに面会お断りなのである。

デコは此の一通を自分の宝物にして、これ以上しつこくはすまいと決めたので、百閒さんとも結局、生涯会はずじまひになつた。

百閒歿して十八年後、福武書店刊行の全集三十三巻が完結するが、これの書簡欄にこの手紙は入つてゐない。したがつて、畸人百鬼園先生の高峰秀子に宛てた稀有の私信は、旺文社文庫の古い絶版本を持つてゐない限り、見るすべがあるまいと思つた。実際は灯台下暗し、文春文庫の高峰秀子エッセイ集「おいしい人間」に手紙ごと全文収録されてますと、校了間際、本誌編集部から知らされるのだが、執筆中気づいてゐなかつたので、出来るだけ多くの読者の清鑒《せいかん》に供したくて私の手でこれを右の通り再引用した。併せて「一日の半分はベッドの中で読書」といふ高峰さん最近の消息を多くの高峰ファンに伝へたかつた。本来なら秘して置くべき事柄で余計なお節介かも知れないが、人間八十過ぎれば四肢に故障の生じるのはごく自然の成行き、自分も似たり寄つたりの状態だしと、葉書の文面そのまま露《あら》はに書きうつしたのを、松山夫妻どうか御諒恕下されよ。

（『文藝春秋』二〇〇八年一月／『天皇さんの涙』文春文庫、二〇一三年七月）

不思議な女優

山田風太郎

僕は、今、高峰秀子《たかみねひでこ》に手紙書いてるの。

――高峰秀子というと、女優のですか。

うん。このあいだ、高峰秀子が僕の随筆集を欲しい、そしてサインしてもらってくれと、ある出版社に頼んだんですよ。それで随筆集二冊送ったの。そしたらソバを送ってくれたの。浅草の泥鰌《どじょう》屋の近くにソバを売る有名な店があるでしょう、「麦とろ」だったか、あそこでソバを売ってるんですよ。行けば食わせるだろうけど、それを送ってきたものだから、礼状を書かなくちゃあと思ってね。

――先生は、高峰秀子はたしか戦後の美人のベストいくつかに入れていましたね。

美人という点でも、ベスト3に入る。もちろん彼女が若いときですよ。今は僕と同じ年くらいだから、大ばあさんでしょう。けど、大変なものですよ、小学生時分から女優をやっていて。しかも、筆も立つんですよ、ツボをはずしたことをいわないからね。

僕が男で尊敬するのは一番に黒澤明《くろさわあきら》（映画監督）、どうしてあの二人が結婚しなかったんだろうと思ってねえ。若いときは、恋愛関係にあったのよ、あの二人。けど、しないほうがよかったのかもしれんなあ。していたら、喧嘩《けんか》しなくちゃいけないが、高峰秀子が負けちゃあいないからな。

――高峰秀子さんとは会ってみたいと思いませんか。

いや、会いたいと思わない。年とって悲しいのは、自分が年とることではなくて、美人の老いたのを見るのが悲しいと思っているくらいだからね。「ええっ！　あの、ばあさんが」と思うくらいなら会わんほうがいい。美人は、原節子《はらせつこ》みたいに、きれいなうちに消えるべきだ。

――よほど、実感されているんですねえ。

高峰秀子というのは、不思議な女優でねえ。たいていの俳優は、若い時分は自分の職業を馬鹿にしたようなことをいっていても、年とると、俳優は修業が大事だとかいいだすんですよ、「この道には果てしがない」とかね。ところが、高峰秀子は、いつも自分の職業について馬鹿にしたようなことをいうんです。それでいて、名女優なんですよ、カンがよくてね。

十三や十四で主演映画をつくったのは、高峰秀子しかいないんじゃないかねえ。そういえば美空《みそら》ひばりがいるけど、あれは歌の人気でだからね。「綴方《つづりかた》　教室」（昭和十三年作品）なんて、高峰秀子が十三歳くらいのときじゃないのかな。「馬」（昭和十六年作品）も、十六歳くらいでしょう。品がいい顔しているから、貴族の娘にもなれるし、一方では、庶民的なところがあるから、裏長屋の娘もできるしね。


（『コレデオシマイ。』角川春樹事務所、一九九六年十二月）

艶の気配

村松友視

私は静岡県の清水市で育ったが、戦後その清水には映画館が五つあった。一館は洋画専門で、一館は実演と映画の組合せ、あとの三館は日本映画の上映館だった。そして、小学校五年くらいから、私はそのすべての映画館で、毎週見ていたのだった。東映のチャンバラであれターザンであれエノケン、ロッパであれ、松竹のメロドラマであれ、ランドルフ・スコットの西部劇であれ、何でも見た。つまり、映画という文化のシャワーを大雑把に浴びて育ったのだった。

そのころ、高峰秀子はすでにスター女優となっていたが、何しろ、チャンバラ映画や探偵映画の主人公を自分になぞらえる見方なのだから、〝大人の映画〟はついでに見るようなもので、いくらか退屈を我慢して時を過す世界だった。それに、あまりにも女っぽい女優には違和感が生じる少年らしい潔癖さもあって、あのころの私が許容できる女優はきわめて少なかった。その少ない中に、高峰秀子という存在が入っていて、それはもしかしたら色気を感じさせない女優といった匂いが、少年の抵抗を薄めていたのかもしれぬという気がする。

初めてのカラー作品「カルメン故郷に帰る」などは、かなりきわどい色気を必要とする役だったのだろうが、少年の私も平気で見ていることができた。共演の小林トシ子の表情やスタイルには、何となくまだ直視してはいけない女の色気を感じたが、高峰秀子なら大丈夫という、今となっては申し訳ないような評価を与えていたというわけであります。

そのうち、私もしだいに色気に惹かれるような少年になってゆくのだが、高峰秀子は色気をかもし出す女優というよりも、いわゆる演技派への道を着実に歩み始めた。「二十四の瞳」「渡り鳥いつ帰る」「喜びも悲しみも幾歳月」などが頭に浮かぶが、ひとりの女優というよりも、堂々たる座頭《ざがしら》的な雰囲気をそなえた主演女優というイメージが、高峰秀子にそなわっていったのだった。子役時代から特徴的である、聡明そうな額と大きく黒い瞳はそのままながら、どこかにきびしさが加わって、色気とは一線を画した女優像が、輪郭をあざやかにしていった。私は、やはりかつてのように抵抗なく、安心して高峰秀子を見ることができた。それは、色気アレルギーが私に残っていたわけではなく、演技に対する信頼感みたいなもののせいだったにちがいない。

いずれにしても、私の中で高峰秀子という女優は、スクリーンへ登場して一目で主役に見える、神秘的な存在でありつづけたのだった。神秘的でありながら色気とは無縁のスター女優……考えてみれば、私にとって高峰秀子という女優はまことに奇妙な存在であり、他にそういうケースは思い浮かばないのだ。

ところが、私は一度だけ現実の高峰秀子を目撃したことがあり、そのときはハッとする女の色気を感じた。それは、どこか忘れたが北関東のある小さな駅のプラットフォームでのことだった。私は、「婦人公論」という雑誌の編集部にいて、講演会の担当をしていた。北関東の三箇所くらいのコースで、池田彌三郎氏、角田房子氏、それに松山善三氏の三人が講師だった。講演会のスケジュールが終り、講師の方々と編集部は汽車で東京へ帰ったのだが、途中の駅で松山善三氏だけが下車した。

汽車がうごき出し、私たちは手を振る松山善三氏に頭を下げたのだが、松山氏のすぐうしろのベンチに坐った女性が、こちらへ向って遠慮がちに頭を下げていた。それが松山善三氏の妻となっていた高峰秀子だと気がついたのは、すでにその姿がはるか後方へ遠のいてしまってからだった。池田彌三郎氏と編集長の二人は、どうやら松山善三氏がなぜその駅で降りたかを知っていたような表情を浮かべていたが、私はそのときあたりをはばかりつつ頭を下げた高峰秀子の姿の、得も言われぬ色気の余韻を味わっていた。昭和三十九年くらいのことであり、私は入社二年目の駆け出し編集者だった。映画の中で感じたことのない不思議な色気に触れて、意表を突かれたような気分に浸ったことを、私はあざやかに憶えている。

（あれは、絣《かすり》のような色気だったな……）

いま、喉の奥にそんな呟きが生じた。絢爛豪華な絹の世界を目指すことのない、絣のごとくぞんざいな色気……それが、高峰秀子の世界ではないかと思ったのだった。この、分りやすさと分りにくさを合わせ持つ艶の気配は、やはり比類ない領域と言えるだろう。ただ、あれほどあざやかに艶の気配を記憶している、プラットフォームで松山氏のうしろから軽く頭を下げていたシーンにおいて、その高峰秀子が洋装であったか和装であったかを、今の私は辿ることができないのである。

（『不滅のスター　高峰秀子のすべて』出版協同社、一九九〇年五月）

あらえびす

出久根達郎

月刊誌「文藝春秋」の平成十三年一月号に、「二十世紀の美女ベスト50」という特集記事がある。読者アンケートの結果発表である。日本と外国の美女は誰か、というもので、むろん、お遊びの企画である。内外、各五十人の美女が選ばれている。当然といえば当然だが、映画女優が大部分を占める。

この名簿のあとに、高峰秀子さんと川本三郎さん、それに私の鼎談が載っている。読者アンケートを踏まえて、三人の考える「二十世紀美女」を語りあおう、という内容であった。

この鼎談で初めて高峰さんにお目にかかった(川本さんとは旧知である)。正確な日時を知るべく昔の日記を調べたら、平成十二年十一月十一日の夕刻で、場所は赤坂溜池の全日空ホテルだった。

定刻十分前に伺うと、高峰さんはすでに見えられ、編集者と談笑されていた。「お初にお目にかかります」と挨拶すると、高峰さんも丁重に返された。しかし、そのあと、いたずらっぽく笑いながら、「かしこまるのは挨拶だけにしちゃいましょうよ。肩の凝る座談会になっちゃいますから」と言った。私は、「はい」と恐縮した。

高峰さんは茶色のスーツ姿で、男物のような大きな腕時計をつけていた。

川本さんが、「出久根さん、びっくりしたでしょう？　高峰さんが小柄のかたなので」と言った。

私は、どぎまぎした。ご本人を前にして、何と答えてよいか、わからない。まさか、そうですね、驚きました、とは言えない。

すると高峰さんが、「みんな驚くみたい」と、笑いながら、あっけらかんとおっしゃられた。

「映画のマジックなの。画面に映る役者は、誰もが八頭身。そして例外なく美男、美女。騙されちゃうのよ」

「私のような『あらえびす』も、薄衣《うすぎぬ》まとった笛吹き若武者というわけですね」と応じると、「あらえびす、ねえ」と高峰さんが大笑いした。

「あらえびす」談義から、鼎談が始まった。「文藝春秋」に収められた速記も、「それに『あらえびす』の私が加わって美女の話というのも場違いなんですが（笑）」という私の発言が口切りのように構成されている。

高峰さんの座談は、面白かった。何しろ五歳で映画界に入り、常に第一線に立ち、つぶさに内情を見てきたかただから、私などの知らない秘話が、次から次へと飛びだす。俳優さんだけに声色入りの身振り手振りである。どんな些細で短かなエピソードも、卓抜なオチがつく。形容が非凡である。一例が、こうだ。日本の美女の一人、高峰三枝子を語っている。

「あの人はあの顔からは全く想像できないような人です。さっぱりしてて、ガハハなんて豪快に笑って。三枝子さんは顔が間違ってついてるの（笑）」

私たち三人が一致した、「日本一の美女」は、美智子皇后だった。高峰さんが語られた皇后の素顔は、とてもすてきだった。

「まだ、皇太子妃殿下でいらした頃です。お二人とも実に気さくな方で、美智子さまなんて床から両足が上がっちゃうくらい笑ったりなさる（笑）」

こう話された時、高峰さんは実際にその身振りをなさった。速記に（笑）とあるのは、その様が真に迫っていたので、私と川本さんが思わず笑ってしまった、という意味である。

高峰さんは、やはり名優であった。皇后のことを語られる時には、高峰さんが（畏れ多いことだが）皇后その人のようだった。品のある美しさこそ美女の最大条件、と私たちは定義したのだが、その意味では、高峰さんもその一人である。皇后の次は高峰さんだろう。

座談会が終了し、食事になった。話題は、料理や本のあれこれに移った。コーヒー・タイムになった。高峰さんが、「出久根さんは、煙草は吸われないのですか？」と訊《き》いた。

その当時、私は大層なヘビー・スモーカーだった。高峰さんの手前、遠慮していたのである。

「私も吸うのよ」とバッグから外国煙草を取りだした。「よろしかったら、いかが？」と箱を差し出す。

「ありがとうございます」と手を伸ばしたが、指先がぷるぷるとふるえて弱った。女性用の細いシガレットである。高峰さんがライターで火をつけてくれた。その手つきが実に美しかった。映画の一シーンだ、そう思ったら、急に恥ずかしくなり、まっ赤になり、みっともなく、むせてしまった。美女とあらえびす、なのだから仕方ない。

その日、私は年上の知人から預かってきたスクラップブックを、高峰さんに見せた。知人は少女時代からの高峰さんのファンで、新聞や雑誌に出た高峰さんの写真を見つけ次第切り抜き、丹念に貼っていた。膨大な量のもので、私は一番古い年代の切り抜き帳を三冊だけ持参したのである。

高峰さんは一ページずつ、めくられた。黙ってお若い時分の写真に見入られた。

翌日、お電話をいただいた。鼎談のお礼を述べられたあと、スクラップの持ちぬしの住所を教えてほしい、と言われた。資料に拝借したいのだろうと推測し、喜んで教えた。もともと余計なお世話を焼いたのは私で、持ちぬしは高峰さんに悪いと尻込みしていたのである。そこはそれ「あらえびす」だから、厚顔にも強引に高峰さんにお見せしてしまった。

二日後、知人から喜びの電話をもらった。

高峰さんが色紙と手紙を下さったというのである。水彩でコケシを描いた、見事な色紙であった。コケシの目鼻は高峰さんにそっくりだった。

（『文藝別冊・高峰秀子』二〇一六年六月）

鎌倉かけある記

空は降るような星月夜、両側は真黒な杉木立、風態よろしからぬ男四人が、妙齢の女性一名を人力車に押し込んで、エッサ、ホイサと駆け足で走っている。

場所は鎌倉の八幡様を右に見た細い坂道、四辺は人っ子一人通らない淋しい路である。と、ある立派な門構えの家へ、その一団が息せき切ってたどり着くと、静かな雰囲気を破ってどかどかと入って行った。

しばらくその家の人と問答をしていたが、遂にその静かな家の応接間まで入っていった。

近代離れのした重々しい家具、くすんだ立派なカーテン、大きなアームチェアー、明治調の大きなフロアースタンドの光も部屋一ぱいにはとどかず、壁面を飾る大きな油絵も微かな光を反射させているだけ。入り込んだ人達も只、黙々としている。

やがて白い髯をした渋い着物の年の頃何歳と云いたい所だけど、これがさっぱり年など判然《わか》りゃしない、つまり年齢など超越した御老人が女中さんに付添われて現われた。

さて、その一人の女性と四人の男性は一所懸命話をしかけたり、写真を撮ったりしている。別に危害を加えるのでもないけれど、兎に角一方的な行動ばかりしている。御老人の方はさっぱり的確な反応を現わさない内に、その通り魔のような一団は自分達の目的をはたして又、風のように、エッサ、ホイサと帰って行ってしまった。

この一団の中の唯一人の女性こそ、かく云う私で、この一団こそ某雑誌の海外版の編集部に依頼されて、鎌倉在住の文士の方方を順ぐりにインタビューする一行なのである。

訪問記者が私で、編集部員、写真部員、速記者など四名が半日がかりで大スピードの応訪なのです。そして八幡様の側の家は小杉天外先生宅、耳の大変遠い先生を取り巻いて、勝手な質問をして、これから次なる小島〔政二郎〕先生宅へ。

＊

この日は小春日和のような暖かい日でまだ散り残った紅葉が枝に残っているなど、流石《さすが》に鎌倉だナと思わせるノビノビとした日でした。

駅頭に久米〔正雄〕先生のお出迎えを受け、まるでオシャレのお父さんのような先生のお出迎えで、たちまちデコの新米記者は上がってしまい、ろくろく質問も出来ない内に、今日出海先生、里見〔弴〕先生、日本画の鏑木〔清方〕先生、と廻り、海岸通りを材木座まで行った浪の音の聞える久保田〔万太郎〕先生宅にたどりついた。

磯の匂いのする小路には黄色のツワブキの花が咲いている。

八畳の客間にきちんと角帯をしめて、白足袋の久保田先生が太った体をもてあましたように座って迎えて下さった。わざわざ御自身でお菓子屋から買って来られた和菓子を出してお茶を出して下さる。そのお菓子の「調布」なるもの、デコは初めて名前を聞いたのが、見ればよくあるやつで、このホンモノは中味がギュウヒだけれど、近頃のはヨーカンである、などと一席お菓子の講義を拝聴する。

海岸に出て写真を撮らせて頂く、その途中で近作の俳句を聞かせて頂いたが、つい忘れてしまった。どうも当てにならない訪問記者ではある。

冬に珍らしい小春日和の海岸はノタリノタリとして三崎の方は薄モヤにかすんでいた。

＊

それから人力車に乗って先を急いだのだが暮れるに早い秋の日ならぬ冬の日はすっかり落ちて、小杉天外先生のお宅を訪問した時は、最初に書いたような有様になりはててしまった。

＊

鎌倉駅前で久米正雄と。

里見弴邸にて。

通り魔のように車を飛ばして小島政二郎先生宅へ駆け込む。

ここは月明りに見ても本陣のような構えの大邸宅で、夜の為に見事なお庭は拝見出来なかったのが残念。

私の所属している新東宝が大変御世話になっているので、そのお礼をまず申し上げた。

ここのお嬢さんの美籠《ミコ》サンは私が文化学院に一寸《ちよつと》の間居た時の同級生で、如何にも文化学院でなければとれないような生《いき》の良いお嬢さんで私の仲よしである。

ヨク来たネ、早くコタツに入ンナ、てな調子である。先生も何処か大番頭のような風格で、気楽にお話の出来る先生である。

材木座海岸で久保田万太郎と。

小島政二郎邸にて。

大きな部屋に大きな平らな火鉢を置いて、これなら何人のお客があっても心配がない。

美籠サンと昔の楽しかった学校時代の話がつきない。よく売店でチョコレートを買って時間中本の蔭で食べた話やら、時間に遅れそうになって駆け込んだ話など、私のほんの短かい女学生々活の、併し涙の出るように楽しかった一面である。いろいろな女学校もあるけれど、一つ位あんな野放図な学校もあって良いと思う。

暖かいコタツにいつまでも尻をあぶっているわけにも行かないので、又のお約束をして、最終点大佛〔次郎〕先生宅にエッサ、ホイサ。

＊

しゃれた洋服姿の紳士を想像していたら、ダブダブの支那服を着用におよんで、それでも一番今まで、もの腰の柔かな大佛先生が待っていて下さった。

今までのデコなりの精神の緊張と疲れは、この優しい先生にすっかり甘えさせられてしまった。

名物の黒猫があっちにもこっちにも、うろうろしている。

うず高く積まれている沢山の種類の本、壁にたてかけた油画、椅子の上まで本が置いてあって、人の立って歩ける所の少い応接間の薄暗い隅から突然、ヌーと猫が音もなく現われるのには、ヒヤッとさせられる。何か怪しい雰囲気を醸している。

私はふと何かの本でよんだ支那の怪談を思い出した。この応接間で何かと先生にお話をして頂いて、茶の間で皆さんとお食事をする事になった。

奥様が御自身でいろいろ接待して下さるのに、その間をぬうように猫どもがついて廻る。

その十匹以上も居るらしい黒猫だが、どれも同じように真黒で初めての私達は今のがどれだかさっぱり判らない。

お話をうかがうと通いの猫も居るとの事で、近所の猫までが一緒になっているらしい。

我々が席につくと申し合わせたように勝手に一匹ずつ膝の上に乗って来る。

これで初めてつくづくと自分の所へ来た猫の人相ならぬ猫相を見ると、やっぱりそれぞれ違う所がある。私の膝の所へ来たのはたちまち丸くなると寝てしまった。そして細い声でクー、クー、と鼾《いびき》をかき始めた。

大佛次郎邸にて。

猫の鼾なんて生れて初めてなので先生にうかがうと、これはゼンソク持ちで、いつでもクー、クー、と云っているので名前も「クー」と云うのだそうだ。此奴だけがねずみを取れないんですよ、クークーのおかげでねずみが皆にげてしまうんですと先生は笑いながら仰言る。猫のゼンソクなど生意気なものだ。

それにも増《ま》して立派なのは全身銀鼠色の目の緑色のシャム猫で、これは毛皮のオーヴァーにしたらさぞいいだろうと思わず唾を飲んだ程の立派さのシロ君と云うのである。

子供の時は白っぽいのでシロ君だそうである。黒猫群の王様のような風格でいばっている。

猫好きの先生の前で毛皮にしたらいいと云ったら苦笑して居られた。

半日のなれない仕事ですっかり疲れた神経が、ズルズルと伸びて、暖かい御馳走と柔かな応待と、ファファアした猫を見ていたら、デコの体も神経もモヤモヤとふやけて、何をするのも嫌になってしまった。

ソレソレ、そんな事をしていては、明日の仕事にさしつかえると元気を出して大佛邸を辞した。

横須賀線に乗ったのは、夜の八時過ぎだった。


（『鏡』一九四九年三月）

五重塔と西部劇

半病人のフーラフラで、一日の大半はベッドの中にいる。といっても、これといった故障があるわけではなく、体力気力が衰えてなにをするのもメンドクサイだけだから、つまり「老衰」という自然現象であることは自分でもよくわかっている。

私の経験からいうと、ある日とつぜん「あぁ、そうだ、あれを片づけなくちゃ！……でも、明日でもいいか」と思ったとたんに老いがはじまる、ということではないかしら？　とおもっている。「明日でもいいか」はあさってでもいいか、になり、来週でもいいや、と、老いは日毎にひた走って一路「老衰」へと接近してゆく。明日でもいいか、は、他人にはわからない自分だけの老いのサインである。

それはともかくとして、ベッドにひっくり返っていてもグウグウ眠っているわけではないから、せめて脳ミソが溶けきらない内に、と、ひたすら読書にはげむことにしている。

生来、ケチで貧乏性のせいか、日々到着する週刊、月刊雑誌のすべてのページを繰ってみないと気がすまず、プラス、著者、出版社からの贈呈本もせっせとベッドサイドに積みあげるから、ベッドから這い出すのは、これも日に何度か鳴る宅配便のアニサンが押すインターホンのためと、食事の支度で台所へ立つ時間のみだから、身体はナマリ、足はナエ、と、ロクなことはない、と、これも自分でよくわかっている。

十年一日、相も変わらぬファッション、料理、化粧品とワンパターンの婦人雑誌、イジワル根性チラつきの週刊誌などにべったりとつきあっていると、さすがにげんなりして、ボケた頭がどんよりと重くなり、突如としてこれが限度、という状態になる。が、本喰い虫の病いには、やはり、ピリッと薬味のきいたおいしい本が特効薬と私は信じているから、そんなときにはただちに納戸へ直行する。

納戸の中には二方の壁面を利用した私専用の書棚があって、再読したい本、いつかは読みたいと買いこんだ本、とっておきの大切な本などがギッシリとひしめいている。

つい先頃も、二重に押しこんである棚の奥まで手をつっこんでかきまわし、とっておき本の一冊をひっぱり出して思わずニンマリした。幸田露伴の『五重塔』であった。

『五重塔』は、御存知露伴の名作で、一九二七年（私が三歳のとき）に岩波書店から文庫が発行されている。

私がなぜ『五重塔』を読んだのか？　というと、この作品は一九四四年に大映映画会社で、脚本川口松太郎、監督五所平之助、出演は新派の花柳章太郎、森赫子、柳永二郎、大矢市次郎という豪華キャストで映画化されて、名作、傑作、とたいへんな評判だった。

当時、人気女優として多忙だった私は、見たい見たいとおもいながらも映画を見そびれたのが残念で、それならせめて原作だけでも……と、書店へ走ったのだった。

映画撮影の合間を縫って、あわただしく読み終えた『五重塔』の印象は、ただひとこと「ホンモノに出会えた」感激だった。十九歳の小娘だった私が、『五重塔』のどこをどうホンモノと感じ、感激したのか、なんせ五十年以上も前のことなのですっかり忘れてしまったけれど、とにかく『五重塔』は私にとって、とっておきの大切な本として書棚の奥に納まっていたのだった。

「心が躍る」という言葉があるけれど、現在七十七歳の私は、近来になく心を躍らせながらそろりと『五重塔』のページを開いた。冒頭は、

「木理美《もくめうるわ》しき槻胴《けやきどう》、縁《ふち》にはわざと赤樫《あかがし》を用いたる岩畳作《がんじょうづく》りの長火鉢《ながひばち》に対《むか》いて話し敵《がたき》もなく唯一人《ただひとり》、少しは淋《さび》しそうに坐《すわ》り居る三十前後の女……」

という名調子で始っている。

ぜい肉がなく、胸のすくような小気味のいい語り口でさっさと展開されてゆくストーリーの面白さ、文章の見事さにひきこまれて、私は一気に読み終えた。そして、続けてもう一度読んだ。

二度めを読了したとき、私の頭の中にはどんよりならぬ、スッキリとした青空が広がっていた。

その青空の中に、風船玉のようにフワフワと頭を遊ばせていた私の前に、ふい、と一人の男が現れた。外国人だ。つば広のカウボーイハットをかぶり、首にはバンダナ、腰に拳銃というおなじみのウエスタンスタイルである。

ドンパチ映画が苦手な私は、西部劇の熱心なファンではないけれど、それでも西部劇が全盛だった一時期には「駅馬車」「ＯＫ牧場の決闘」「シェーン」など五、六本の西部劇を見ている。

アメリカ映画のドル箱である西部劇が商いますものといえば、まずは筆頭に正義という大義名分、そして男の友情と意地と勇気、義理、人情、義侠心、加えて少々のお色気という品揃えになっていて、これらの材料が手をかえ品をかえ、目先きの変わった料理に仕立てられてスクリーンに登場する、という寸法になっている。

西部劇のテンポの早さは男性の好みに合うし、見応えのある山場、クライマックスも周到に用意されている。劇中にくりひろげられるストーリーは、ほとんどが他愛のないワンパターンだが、それを絵空ごとと承知の上で西部劇に吸いよせられる大ぜいの男性ファンには、女性観客にはわからない「お楽しみ」があるのではないかしら？　と、私はおもっている。

西部劇に登場する人物は、それぞれに強烈な個性を持つ男たちである。そして、美男であるなしに関係なく、全員揃ってカッコがいい。男性観客は、よりどりみどりの彼たちの中から、おめあてを一人にしぼり、その彼に自分を重ねて、ひそやかな夢に酔う……西部劇を楽しむ男性たちの眼が、少年のように輝いているのを見るたびに、私はチラ、とそんな想像をしたものだった。

西部劇に欠かすことのできない男優、といえば誰もが「ジョン・ウエイン」という名前をあげるだろう。青年のころ、二流映画のバイプレイヤーとして画面の隅っこにいたジョン・ウエインを拾いあげて、名作となった「駅馬車」の主役に抜擢したのは演出家のジョン・フォードである。「駅馬車」の大成功によって、ジョン・ウエインは一躍有名スターとなり、数々の西部劇で活躍、アメリカンヒーローとまで呼ばれて、晩年には日本でいえば人間国宝にあたる議会功労章《コングレッション・メダル》を受けている。ジョン・ウエインの芸風は、男っぽく、サラリ颯爽としてイヤ味がない。私生活の彼もまた、気取りがなく、誰にでも好かれる人柄だった、という。

さて、『五重塔』がとつじょとして西部劇に引越したので「え？」と首をかしげる読者もおいでかもしれないが、私にとってはヘンでもふしぎでもない。なぜか、といえば、西部劇の内容のすべてが『五重塔』に入っているし、『五重塔』のすべてが西部劇そのもの、そして共に「男の世界」という共通点があるからだ。

西部劇の背景は、緑の木陰すらない殺風景で荒涼たるロケーションである。宿場にはボロっちいホテルが並び、ヤバっちい酒場には荒くれ男たちがとぐろを巻いてカモを待っている。

『五重塔』にはそれらのものはないけれど、谷中、感応寺境内に建立《こんりゅう》される五重塔の普請現場には、汗と埃にまみれた鳶人足や大工、職人たちが入り乱れ、ひとつ間違えば彼らの間に殺気も走る。そこかしこに散らばっている斧《よき》、釿《ちような》、才槌《さいづち》、楔《くさび》、鑿《のみ》、などの大工道具が一瞬にして凶器に変わるのも珍らしいことではない。

血の気の多い、荒馬のような男たちを、独自の才覚でとりしきり、団子にまとめて落成式までひっぱってゆくのは親方と呼ばれる「総棟梁」の役目だが、よほどの人物でなければ容易に出来る仕事ではない。

谷中感応寺を見事に仕上げたのは、番匠川越の源太という棟梁で、感応寺の完成に引きつづき、境内に建立される五重塔の普請を請負ったのもまた源太である。

「……すっきり端然《しやん》と構えたる風姿《ようだい》と云い面貌《きりよう》といい水際立ったる男振り、万人が万人とも好かずには居られまじき天晴《あつぱれ》小気味のよき好漢《おとこ》なり……」

西部劇なら、ジョン・ウエインの役どころである。

源太は、建築用の諸材料集めから人集め、設計の見取図、見積書、と、すべての手筈を整えて、あとは着工の日を待つばかりとなった。そこへ、のっそりと一人の男が登場する。源太の手下の一人ではあるが、偏屈、強情な上に鈍重で、仲間内でもハナつまみ、誰からも十兵衛という名前より「のっそり」というあだ名で呼び捨てにされている貧乏くさい渡り者の大工である。

「紺《こん》とはいえど汗に褪《さ》め風に化《かわ》りて異《い》な色になりし上、幾度《いくたび》か洗い濯《すす》がれたるため其《それ》としも見えず、襟の記印《しるし》の字さえ朧気《おぼろげ》となりし絆纏《はんてん》を着て、補綴《つぎ》のあたりし古股引《ふるももひき》を穿きたる男の、髪は塵埃《ほこり》に塗《まみ》れて白《しら》け、面《おもて》は日に焼けて品《ひん》格なき風采《ようす》の猶更品《なおさらひん》格なきが……」

と、いかにもみすぼらしい。

十兵衛は、女房と幼い息子と三人で乞食小屋のような家に住んでいる。みすぼらしくてもノロマでも、仕事の手腕《うで》は棟梁の源太からみてもまんざら捨てたものではないから、面倒みのいい源太はなにくれとなく一家に情をかけてやり、十兵衛もまた源太に深い恩義を感じている。

ところが、感応寺の境内に五重塔が建立される、という噂を小耳にはさんだとたんに、十兵衛の胸底から、さざ波どころか竜巻きのようなおもいがむくむくと立ちのぼってきたのだ。社寺建築の大工として、長年働いてはいても、五重塔を作るなどという機会は一生に一度あるかないかである。今度という今度は文字通りの一世一代、とり逃がしたら最後、いつまた、という当てがあるわけではない。

「俺のこの手で五重塔を作りたい。命をかけても作りたい」

十兵衛はなにものかに憑かれたように気もそぞろとなり、仕事を終えて家に戻れば行燈《あんどん》の前に居座って五十分の一の五重塔の雛形作りにのめりこみ、女房子供も眼中に入らぬほど思いつめたようである。

聞けば、五重塔の総棟梁は川越の源太親方とか。大恩のある親方のむこうを張って弓をひく気など毛頭ないし、日頃「マヌケ野郎」「のっそり奴」と、十兵衛を小馬鹿にしている朋輩たちを見返してくれようという気もさらさらない。

五重塔を作りたい、という、狂気に近い十兵衛のおもいは、ついに、前後の見さかいもなく、棟梁の源太を頭ごしに飛び越えて、感応寺に走りこみ、朗円上人《しょうにん》の膝にすがりつくことになる。

「……させて、させてください。この私に五重塔を作らせてください……」

この突拍子もない十兵衛の言動は、人の口から口へと広がって、てんやわんやの大さわぎとなってゆく。

新しく登場した、生き仏の如き上人と、江戸ッ子の心意気が鉢巻きをしたような源太と、寝不足のロバのような十兵衛。この三人がかもしだす、おかしくて悲しく、哀れでこっけいな絶妙な会話は読者の心のひだに沁みわたって、涙が出るほど感動的である。

が、最高に感動的な場面は、めでたく建立されて落成式をひかえた五重塔が、天地をゆるがすような大暴風雨の中で、ギシギシ、ユラリと揺れ動く迫力のあるクライマックスである。激しい風雨に吹き飛ばされそうになりながら塔の最上階に登り、塔が倒れるなら「我が命をも塔と共に……」と、六分鑿を懐に、欄干にしがみついている十兵衛の壮絶な姿が目に浮かぶようである。

打てば響くような川越の源太をジョン・ウエインが演ずるならば、のっそり十兵衛はどうあっても、さる六月（二〇〇一年）に死去した名優アンソニー・クインをおいては他にない、と私はおもう。

アンソニー・クインは、メキシコで生まれ、ロスアンゼルスに移住。特異な風貌と個性的な演技で二度のアカデミー賞に輝いた名優である。中でも「道（ラ・ストラダ）」の、粗野の内にも哀感のある大道芸人の見事な演技を記憶している映画ファンが読者の中にもおいでになるかもしれない。

賞といえば、考証、史伝の他に、小説、随筆家でもあり、『五重塔』を執筆した幸田露伴は、それらの功績によって第一回文化勲章を受けている。

私は『五重塔』と西部劇の間をいったりきたりしたけれど、慶応三年生まれの文豪露伴は当然、西部劇のセの字も御存知なかっただろう。『五重塔』は、日本の作家が、当時の日本の男たちのすべてを描きつくした、唯一、不朽の名作だと、私はおもっている。

それにしても、

「露伴先生。いいお仕事をなさいましたね」

以上、コマーシャルは高峰秀子サンでした。

（『オール讀物』二〇〇一年八月）

武者小路先生の絵

シナリオライター小國英雄氏は、武者小路先生のお弟子だったそうな、それがどう道を間ちがえたのか活動やになってしまって、シナリオ製造器になってしまった大人物。

そのロイド眼鏡の大人物が、自分より大きいかわのかばんをぶら下げて、「オイしばらくだったね」と現れた。

武者小路先生の「新しき村の集い」の三十周年記念の会が、共立講堂であるから出て歌でも歌えと言う。

日頃ソンケイしている武者小路先生が、自らも舞台に立ってお芝居をなさるという上に、志賀先生もおみえになるという。私は本当は大変気が弱いので、皆まで聞かぬ内に、「と、とんでも御座ンせん」と平ぐもの様になってあやまった。私は上がってしまってオンチになるに決まっているし、途中で逃げ出してしまうかもしれない。考えただけでもこう身の内がカアと熱くなる。

「まあ、とにかくさ、殺生はやめとくれ」と小國さんにあやまったけど、大人物ニヤニヤして聞かばこそ、それなら「二十の扉」に出ろと第二次作戦でおいでなすった。

「そんならいいだろ。東宝の連中や黒川のやた〔弥太郎〕さんと一緒に出るのさ。何もいわなくたって、ただ並んでりゃいいさ。並んで坐る位出来るだろ。役者じゃねえか」てな事いわれて、それもそうかと考えていると、

「お礼に武者先生の色紙、どうだい、え？」と来た。

この一言正に原子バクダンの効を奏し、ついに高峰スケベエはカンラクせり、ああ。

当日、どれでも好きなのをとたくさん並べられた色紙の中から、美しい柿一つに一枚の葉のあるのをいただいた。もう一つのさざん花のも欲しくて欲しくてよだれがたれそうに欲しかったので、勇をこして武者小路先生にじか談判に及んで、とうとう二つせしめた。

私の鼻は常にも増して高くなった。

私の今度引越した家は、山本嘉次郎先生のお宅の前なのでときどき遊びに伺う。

先生がお酒のみなことも、こけし人形がお好きな事も、お料理が御上手な事も、そして、武者小路先生の色紙をすごく欲しがっていられることも知っていた。

私は二つの色紙をならべてみるたび先生がどんなに欲しがるだろうと思った。

ながめている内に、二つとも自分のものにしてしまい込んじゃうのは、何だかもったいない気がし出した。私などよりもっといい眼がこれをみたら、この絵も幸福な様な気がして来て仕方がなかった。

私はエイと気前をみせて、さざん花の方を山本先生にケンジョウした。

先生はとてもとても喜こんでニコニコなさった。私もほんとに嬉しかった。

私は私の好きなさざん花を上げてしまった。けれどそれは、私の矢張り好きな山本先生のお部屋にあるのだと思うと、何だか嬉しい様ななつかしい様な和やかな気がするのだ。

私は毎日柿の色紙をながめては額に入れようか、それとも茶がけにしようかと、そして表ソウの色は何にと思いめぐらしては一人たのしむのが一つの日課になっている。

（『鏡』一九四九年二月）

夏のつぎには秋が来て

ずいぶんと古い話になるけれど、昭和三十七年、私は徳田秋聲原作『あらくれ』の映画化で、ヒロインのお島を演じて「毎日映画女優主演賞」をいただいた。

当時の賞は、かなりの権威があったのか、新聞にも大きく報じられたものだった。そのときも、ある朝開いた『毎日新聞』に、私の写真入りで受賞の記事が載っていた。が、それはどうでもいいとして、その記事の一段下の、見おぼえのある顔写真にふッと目をやった私は、思わず「あッ」と声を出した。それは「室生犀星」の死亡記事であった。

私は室生先生とは面識がなかったけれど、作品は愛読していたし、つい最近も偶然になにかの雑誌で『あらくれ』を見物した室生先生の感想文を読んだばかりだった。

「……たいていの女優は、ただ『女優』を感じさせるものだが、高峰秀子という人だけ、なぜか人間を感じさせる。今度のお島もまた、そういう印象が強かった。映画界で、稀有な存在だとおもう……」

『あらくれ』のお島は、原作によると、骨太、大柄で、牛のようにたくましく荒々しい女である。ところが私はあいにくと、骨細、小柄で、目鼻立ちの間取りもチマチマと控えめ、お島とは似ても似つかぬ肉体の持ち主で、どうにもならない。男とわたりあい、とっくみあいの喧嘩をするシーンなどはずいぶんと演《や》りにくくて閉口しながら演じたものだったから、室生先生のこの文章には心底、感激した。

むやみと嬉しくて、よほど室生先生にお礼状でも書こうか？　と思ったけれど、なんとなく気おくれがして、そのままになっていたのだった。

室生先生の写真を瞠《みつ》めながら、私は礼状を書かなかったことを深く後悔した。そして、「人間の生命には限度がある。伝えたい気持ちは素直に伝え、会いたい人には素直に会っておくことだ」と、つくづく思った。

私は、子供の頃から映画界で育ったから、かなり人ずれがしている。会いたい、会いたくない、とは関係なく、人にもまれて成長したようなものだった。人の顔を見るだけでウンザリするようなこともあった。

「この世で、私が会いたい人って、誰だろう？」

いっしょうけんめいに考えた揚げ句に浮かんだ私の「会いたい人」は、なんと、「内田百閒」というガンコオヤジただ一人であった。

私が内田百閒の作品に夢中になりだしたのは、昭和十三年に、東宝映画、内田百閒原作の「頰白先生」（昭和十四年封切り）に、内田先生のお嬢さんに扮して出演した前後からだった、と思う。頰白先生、つまり内田百閒先生に扮したのは、いまは亡き「古川ロッパ」だった。百閒先生のお嬢さんになった私の琴と、これもいまは亡い「丸山定夫」の尺八で「六段」を合奏するシーンがあって、生まれてからただの一度も「琴」という楽器をハッキリと眺めたこともない十三歳の私は、いきなり宮城道雄検校《けんぎょう》の家に連れて行かれて「六段」を習うハメになった。

宮城検校は、昭和三十一年の六月に、刈谷《かりや》駅近くで、汽車のデッキから転落するという事故で亡くなった。車中にはお弟子さんや手引きの人もおり、早朝のことでもあり、ふしぎな事故なので、一時は「自殺では?」などという噂もあったけれど、私は、新聞でこの事故を知ったとき、すぐに、「宮城先生は誤ってデッキから落ちられたのだ」と思った。私が「六段」を習いに宮城家へ通ったのは、ほんの十日ほどだったと記憶しているけれど、とにかく、内田先生も何度も書かれているように、私も、あんなに「カンの悪い盲人」に出会ったのははじめてだった。

シンと静まりかえった宮城家の、庭に面した奥座敷で、私が琴を前にして待っていると、やがて宮城先生がお弟子さんに手引きをされてソロリと現れ、「はい、いらっしゃい。お待たせしました」と言われるのだが、なにかの都合で、せっかちな宮城先生がお一人で二階から降りて来られるときもある。必ず、といってもいいほど階段を踏みはずして、ドドドと階下まで転がり落ち、廊下の柱におでこをゴン! とぶつけては「あいたッたッ!」と飛び上がる。そんなに広くもないお家なのに、毎日歩き馴れた家なのに、「まあ、なんて不器用な先生なのだろう」と、私はそのたびにビックリするよりも呆然として宮城先生を瞠《みつ》めたものだった。

宮城先生は汽車にゆられて早朝の三時、手引きの人を起こさずに、例によって不器用な歩き方で寝台車から手洗いにお立ちになって、手洗いとは反対のドアをお開けになったに違いない、と私は思っている。

映画「頬白先生」は、内田先生と映画会社の間でなにかトラブルがあったらしく、内田先生はヘソをお曲げになって、映画もごらんになっていない。

「僕が見なければいいと思つて承諾したのですが、それが評判になつたので困つた。他人の書いたものの滓を無理にしやくり出して筋を作るなんか、いけない事ですよ。文章道を汚し、映画の水準

を低くするものです……」（四方山話）

と、お怒りになったり、

「……一時は人の顔さへ見れば『頬白先生』を持ち出して話の種にする客ばかりで閉口したが、いい工合にこの頃は下火になつた様である……」（映画放談）

と、安心なさったり、だけれど、映画「頬白先生」はたしかに好評で、演出の阿部豊、百閒役の古川ロッパ、そして私までが大いにホメられて面目をほどこしたのだから、皮肉なものである。

若者の読書といえば、当時は「志賀直哉」「横光利一」の洗礼を受けるのが相場だったけれど、私のヒイキはなんといっても「内田百閒」だった。子供のまま年を取ってしまったような、ナイーヴ、ガンコ、ワガママ、イタズラな文章がなんともいえず好きだった。

「高田さんはフエミニストですか。この間満鉄東京支社の上の『アジア』で西洋料理を食つた。僕は西洋料理は好きだから、いい御機嫌で出て来て、シヤツポやステツキを受取る所へ行つたら、すうつと女が前を通り抜けて行つた。人の前をごめんなさいとも云はないで、通つてしまふのです。それは女優の高峰何子とか云ふのださうでしたが、餘程、突き飛ばしてやらうと思つたけれども、こちらが御機嫌がよかつたから我慢した。女に前を切られるなんて縁起が悪くてね。一体、さう云ふ不行儀な事が何でも普通になりましたね。」（百閒座談）

この文章を読んだときは、一瞬マッサオになったけれど、この「秋宵世相談義」が『話』に掲載されたのは「昭和十四年」である。昭和十四年では、私はまだ十四歳の少女で女優とはいえないし、十四歳のガキが満鉄の支社に用事があって行くはずもないし、行ったおぼえもない。「高峰ちがいかしら？」とも思ったけれど、まあ、そんなことはどうでもいいとして、私がもしも、偶然に内田百閒先生に出会ったりしたら、「すうつと通り抜け」るどころか、感激のあまりむしゃぶりついたかもしれない。そうしたら百閒先生はもっと仰天して卒倒したかも？　と考えると、おもわず頬がゆるんでくる。

昭和三十七年に、室生先生の死亡記事を見て以来、私はだんだんと、内田先生に会いたい、と思うようになった。そして、一度お伺いの手紙を出してみようか？　と考えはじめた。けれど、しかし、テキは世に有名な「禁客寺」の主である。寝不足でヘソの曲がっている日などに、吹けば飛ぶような私などがノコノコ出向いて行って、あの大目玉で睨《にら》まれてはたまったものではない。けれど、愛猫「ノラ」の失踪を悲しんで昼も夜もベショベショと泣き暮らし、体重が二貫目もへっちまった、という、人並みはずれた優しいところもあるらしいから、もしかしたら大丈夫かも？　と、私の心は千々に乱れてウロウロしている間に、早くも一、二年が経ってしまって、百閒先生は七十歳を越えてしまわれた。

ある日、私は思い切って、金釘《かなくぎ》流で手紙を書いた。

「私は高峰秀子という女優です。内田先生のファンなのです。一度でいいからお目にかかりたいのです。お願いします」

長ったらしいファンレターほど閉口するものはない、ということは、私自身の経験で先刻承知している、とはいうものの、なんだか電報みたいなヘンな手紙で恥ずかしかったけれど、私は、「ええい、当たってくだけろだ！」とばかりにポストに放り込んだ。

それから二週間ほど経った頃だったろうか。ある日、ファンレターに交じって、白いたて長の封筒が到着した。封筒の裏には、小さな律義な字で「内田榮造」とあった。けいの細い便箋に、これも律義な字が並んでいた。

「……あなたとは、以前に一度、どこかの雑誌社から対談をたのまれたことがありました。その対談は、なにかの理由でお流れになりました。

そういうこともあったので、私もあなたにお目にかかりたいと思います。しかし、私の机の上にはまだ未整理の手紙が山積みになっており、また、果たしていない約束もあります。これらを整理している内に間もなく春になり、春の次ぎには夏が来て、夏の次ぎには秋が来て、あなたと何月何日にお目にかかる、ということをいまから決めることは出来ません。どうしましょうか。

内田榮造」

私は思わず吹きだした。まるで百閒先生のエッセイそのもののような、ユーモア溢れるお返事だったからである。

この返事を書かれたときは、よほど寝起きがよかったのか、大好きなお酒が入っていたのか知らないけれど、どちらにしても、このお手紙は、せい一杯に愛想のいい断りの手紙にちがいなかった。「これ以上、しつこくしてはいけない。」私は、この一通のお手紙を私の宝物にすることで、百閒先生との会見はきっぱりとあきらめた。

室生先生の訃の日から、ちょうど十年目の、昭和四十六年に、内田百閒先生は八十二歳で亡くなった。

私の宝物の、たった一通のお手紙は、あまり大切にしすぎて、どこへしまったのか、どこを探してもみつからない。「こんなモノを後世に残しては、ロクなことはない」と、百閒先生がどこぞへ隠してしまったのかもしれない。

けれど私は、このお手紙を、まるで映画の台詞でも覚えるようにくり返し読んだので、全文を暗記してしまった。

さすがの百閒先生も、そこまではお気づきではなかっただろう。「うーむ」と、あの大目玉をムイて口惜しがったって、わたしゃ、知らない。

（平山三郎編『回想の百鬼園先生』旺文社文庫、一九八六年九月）

人情話　松太郎「い」

川口松太郎先生にはじめてお会いしたのは、いまから四十年近い昔のことで、場所は新橋、演舞場の楽屋だった。

戦後、絵画のコレクターとして、また素人画家としても有名だったイギリスのチャーチル卿にあやかろうとして結成された素人画家の会「チャーチル・クラブ」の一員だった私は、メンバーの一人である新派俳優の伊志井寛さんを「寛ちゃんおじちゃん」と呼んで、家族同様に可愛がってもらっていたから、よく、新派の楽屋に遊びに行っていた。

その日も寛ちゃんおじちゃんの楽屋に上がり込んでお喋りをしていると、とつぜん、「伊志井寛さん江」と染められた楽屋のれんがパッとはねられて、「おつかれ！」という声と同時に色の浅黒い小柄な男性がスイッと入って来た。後に従った二、三人の演出助手が脚本を開いて土間に膝をつく。部屋子やお弟子さんたちが飛びあがって座布団を持ち出し、素早くお茶の支度をする。

座布団の上にシャキッとあぐらを組んだその人は、いきなり機関銃のようなべらんめえ口調でポンポンとダメ出しをはじめた。ダメ出しというのは芝居仲間の言葉で、演出家が俳優の演技に細かい手直しをすることで、初日の幕が開くと、二、三日は、演出家が楽屋をまわってダメ出しをするのが通例になっている。

「あッ、川口松太郎先生だ！」

私は思わず部屋の隅っこにはじき飛んでかしこまった。

それにしても、少しカン高い歯切れのいい口跡は胸のすくほど明快で、言葉に飾りや無駄がなさすぎるほどだが、そのくせ表情はやわらかく、言葉の裏には俳優への信頼といたわりがちゃんと用意されている……。こういうのを一目惚れとでもいうのだろうか、私はただ口あんぐりと、夢心地でその張りのある声に聞き惚れていた。

その夜、芝居がハネたあと、川口先生は伊志井夫妻を日本橋の「みすじ」という板場料理屋に誘い、私も御相伴で川口先生に御馳走になった。

以来、パーティの席上で、文藝春秋社恒例の「文士劇」の楽屋で、と、次第にお目にかかる機会も出来て、そのたびに気さくに言葉をかけてくださった。また、川口先生が劇団新派の主事のかたわら、「大映映画社」の重役も兼ねていたところから、映画出演の仕事を頂いたり、新派公演「櫻山おせん（水谷八重子主演）」の衣裳考証をおおせつかったり、と、徐々におつきあいが重なっていった。

私は、五歳にもならぬ子供のころから映画界の人込みの中で育ったから、人を見る目だけは相当なすれっからしである。自分の目でシカと見た人の他は信用をしない。女優という職業柄、いわゆるお偉いさんや有名人にはずいぶんと会ったけれど、川口先生のように自分に真ッ正直で気っ風がよく、そのくせホロホロと涙もろいという、まるで「江戸ッ子」を絵に描いたようなお方は、あとにもさきにもただ一人である。

人間には、「人生の師」とでもいうのだろうか、年に一、二度しか会う機会がなくても、「ああ、この世にあの人が存在しているのだ」と思うだけでも希望が湧き、心のよりどころになる人がいるけれど、私にとっての川口先生はその中の貴重なお一人である。

川口松太郎先生は、いまから八十五年前、つまり明治三十二年に浅草の今戸で生まれた。

「親は誰だか判らない。生れた時から生みの親はないのも同じだった。風説や伝説はあったがそんなものは当てにはならない。育ててくれた養父母にしても十四歳以後は親の家を離れて生活したので親子の情もうすかった。と、こう書けばずいぶん不幸な生い立ちのようだが、自分ではさのみ不幸とも思っていない。親なぞはあってもなくても、実父母であろうと養父母であろうとどっちだっていい。人間は孤独なものだと思う観念が早くから出来てしまった……」

と、御自分の履歴書に書かれている。

少年のころ、貧しい家の「口べらし」のために養父母のもとを離れて、というより放り出されて、自力で露店の古本屋を営んで、自分の口を養った。御飯に味噌汁、小皿に載ったわずかな漬けものだけが、生きるための最低の糧だったという。

十五歳のときに警察の給仕になったというが、書物の好きな川口少年はそのころから早くも娯楽雑誌に雑文を書いたり、宣伝雑誌の編集の手伝いをしたり、で、文学への夢を広げてゆく。

絵画や演劇に興味を持ちだしたのもこのころで、古本屋の店先に広重、名所江戸百景の「雷門」をみて以来、矢もたてもなく欲しくてたまらず、といって金はなし、それでも一年後にはようやく手に入れた、というのだから、マンガ本にかじりついてウハウハ喜んでいる現在のそこらのガキとはしょせんおつむの出来がちがうというところだろう。

十八歳。時代小説を書くために通っていた講談師の悟道軒円玉《ごどうけんえんぎょく》に見込まれ、口述筆記を引き受けるようになって、小一年ほど円玉の家に住んだ後、料理新聞社に入社、社宅に住んでホッと一息、ようやく人並みに遊びもおぼえ、友人も出来た。

よく学び、よく遊んでいたある日のこと、投稿を続けていた帝劇募集脚本に当選。一躍、作家としての地位を獲得して一路作家の道を歩むことになった。そしてそれから七十余年、川口先生が原稿用紙のマス目を埋める作業は、今日現在もなお続いている。

俺の人生なんか、どうってことはありゃしない。ゆきあたりばったりだったよ。若いころにはおもいっきり貧乏もしたけれど、貧乏をしながらも、けっこう楽しんでいたよ。俺は貧乏の仕方がうまかったのさ、とケラケラ笑う。

八十五歳の川口先生は、人生の達人としての魅力に満ちて、いっそう爽やかである。

小柄ながら、コリコリとひきしまっていた肉体はちょっぴりしなびて、脂っ気は少々ぬけたけれど、張りのある声とべらんめえ口調は、昔、演舞場の楽屋で聞いたころと変わっていない。

川口先生の身体を貫く鋼鉄《はがね》のように強靭なものはいったい何だろう?

ひと言でいえば、「人生に対する潔さ《いさぎよ》」ではないか、と私は思っている。

恥をかくのは辛いことさ。でもね、恥をかくまいとして、鎧兜《よろいかぶと》に身を固めてキョロキョロしながら生きていくのはイヤだよ。だから恥をかいたらゴメンヨってあやまって、〝二度ともうしないぞ〟ってさ。恥をかくのはイヤだけど、やむをえない恥だってかくさ、という川口先生の言葉には、イジイジとした暗さや気取りがみじんもない。

嘘のつけない人なのだ。

昭和三十年の春。私は、当時演出助手だった松山善三と結婚した。

女にとって、「結婚」は一大事業である。いささかのぼせ気味になっている自分一人の判断ではこころもとない。といって相談するにも私の周りには、あまり頼り甲斐のない養母が一人いるだけである。そのときも私は、この結婚は、なにがなんでも川口先生に彼を見てもらった上で決めよう、と思った。川口先生の「人を見る目」を、それほど信じていた、ということだろう。

　嘘のつけない川口先生が彼を見て、一言、

「おまえ、よしときなよ」

とおっしゃったら潔く松山との結婚をあきらめたかどうか、それは分からないけれど、

「驚いたねぇ、おまえ、あの男はまるでおまえの亭主になるために生まれてきたみたいな奴じゃねえか、どこもかしこもさ、世の中うまくしたもんだ、と思ったよ。あんなのはおまえ、めったにいるもんじゃない。俺は賛成だ」

と言われて、即座に結婚の決心をしたことだけは確かである。

　私は間髪を入れずに川口先生に仲人をお願いし、ついでに借金の申し込みをした。川口先生もまた、私のあまりの図々しさに度肝をぬかれたせいか、お金を貸してくださり、ついでにムコさんのモーニングまで作ってくださった。

　世間の常識からすると、仲人というのは御夫妻と相場が決まっている。川口先生には三益愛子《みますあいこ》さんという奥様が存在しているから相場通りでいいのだけれど、松山のほうではお師匠さんの木下恵介先生に仲人をお願いし、木下先生は独身だから、仲人は都合三人というヘンテコなことになった。川口先生も木下先生も私たちにとっては大先生の大恩人だからお二方には是非仲人になっていただきたい、ということで、三益さんがハミ出て宙に浮いてしまった。結婚式場の麻布の教会には、川口先生が私と腕を組んで入場し、松山は木下先生と肩を並べて入場した。

三益さんはわざわざ新調したという黒紋付を一着に及んだものの、ゆきどころがなくてウロウロし

ているうちに、「写真を撮らせろ」と、式場になだれ込んだカメラマンたちがひっくり返した花籠の水を、頭からかぶって濡れねずみ、というハプニングもあり、ヨメさんマッサオ、という一幕もあった。

三益愛子さんとは、映画の中で嫁姑の間柄を演じたりして、私もおつきあいは長かったが、川口先生との結婚生活は、あと僅かで金婚式というところで、呆気なく亡くなってしまった。川口先生の涙を見るのはなんとも辛いからしばらく御無沙汰していたけれど、最近は『愛子いとしや』をはじめとして、三益さんの知らない昔話などを次々と発表して相変わらずの勉強ぶりを発揮されている。

いや、まいったよ。このトシになって一人ってのはどうにもならない。おまえさんはうまい具合にトシを取ったねぇ。善ちゃんを大事にしろよ、というのが、久し振りにおめにかかった川口先生の第一声だった。

（『人情話　松太郎』一九八五年）

私の見た内側の人物論（外側は書けないから）

人物論をものせ、との文春の注文だけれど、学のない私は論なんて字を見ただけで、もはやひげなど蓄えた親爺がでんと目先に現れて、何となく頭痛がしてくるタチなので、言下に、嫌だよ、とおことわりしたのだが……。

それにしても女優なんてものは、昔はともかく、今では言論の自由なる便利なものを馬鹿の一つおぼえみたいに乱用してるが如く、世間には思われているらしいが、なかなかどうして、私みたいに比較的好き勝手な事を至って無頓着にしゃべり散らしているものでも、それは実はみかけだけの上げ底根性で、内心はおずおず八方へ目をくばり、出かけた言葉も思い直してぐッと呑みこむことが少くない。

私は、おまけに、ほめるのは心の中だけで、悪口は口に出していうヘキがあるので、ついその口すべりが人に聞こえて、得てして評判がよろしくないようである。

三島由紀夫さん

大体、こんなコ面倒くさいタイトルの、もとというのがこの才人である。

何かの雑誌に、私が「大した役者ね、若造のくせに。『潮騒』読んで、彼、ムリしちゃったな、と思った」とすべりをやらかしたのが、又何かの新聞に出てしまって、運の悪い時にはこんなもので、そのイキで何とぞ論じ候え、ということになったらしい。

私が何をどうほざこうが、白眼の真青な、彼ならば、この野郎とヘラヘラ笑ってすますことだろう、日本国がこんな人間ばかりならずいぶんと気も楽だろう、と思っていたら、案の定、二三日前、試写会で顔をみかけた時私がイヒヒと首をすくめてみせたら、彼は、遠くの方からゲンコツを頭の上で、二三度ふりまわしてみせた。

壺井栄さん

最近の映画界は、壺井さん、井上靖さんブームである。

壺井さんは、南国のみかんのようである。

お会いしてお別れするとき、抹茶を一服御馳走になったような気分になる。

いつだったか、先生のお宅へ伺った時の私の感想を、ちょいと——

壺井さんのお宅へゆきました
机の上の、書きかけの原稿用紙のはしに
美しい形と色を持った
何でもない、ただの石ころが
文鎮の代りにおかれていました

お部屋のかべには、繁治さんの
空をながめて、一日中暮した
空には、空だけしかなかった
こんな詩が、かかってました

お手洗いの洗面器には
水が一ぱいに張られていて
くちなしの花が一輪
白く、浮いていました

藤山愛一郎さん

　私は、藤山さんのファンだ。

私は大体、金持ちというものに、生れつき好感が持てないのだが、チャーチル会のおつき合いでしか存じ上げないのにこんな風にいうのは少しおっちょこちょいかも知れないが、会う程に、見る程に、人柄のよさを感じる。

　画を書けば、何しろコンテはフランス製、画紙はイギリス製、材料が良いからねエ、なんて批評のされ方で、揚句の果ては、皆から「一寸《ちょっと》一枚ちょうだいね」なんて画紙をタカられている。

「頭髪は白いけど、腹は黒いだろう」などといわれてもニコニコ子供のように照れた笑顔をしている。

歩く後姿を見れば、この人が、どんな優しい心の持主であるかお判りになるでしょう。

後姿は、大切ですぞ。

成瀬巳喜男さん

人品賤しからぬ人物なんて、結構なものに、映画界ではなかなかぶつからないのだが、成瀬先生には、そういう意味で、私は清き一票を贈りたい。

前の仕事の「稲妻」でも、今度の「浮雲」でも、私がへり下ったり、おどけたり、深刻になったりし乍《なが》ら先生に、「ねえ、如何でしょう、どうすればいいんでしょう、これでいいんでしょうか」ってお伺いを立てても、「さあね、グズグズグズ……」と口の中でごま化してしまって、全く注文をつけないし、文句もいわないいし、間違っても怒るなんてはしたなき所業もなさらない。

しかし、細工はりゅうりゅう仕上げはいつも上等品で、完成試写の日に、初めてニッコリ、「できちゃったね」それでおしまい。

誠にあっけない位である。

「浮雲」が終ってまだ、私なんかでもつかれが直らないのに、もう次ぎのお仕事に、ちゃんと入っていられる。

のんびり、ちんまり、淡々と水の如くで、そのくせ、あっという程スピードのあるところ、まるでお能でも見ているようである。

「あら、もうお仕事ですか、また早いんですね」といったら、「年よりで先きが短かいからね、あわてているんだよ」と、おちょぼ口して笑っていられた。

川口松太郎さん

「超音ジェット機」という映画をみた時先生を思い出した。音がした時は、すでにその姿はないのだ。ここと思えば又あちら、書いたと思ったら、もう活字になって、印税はもはや、梅原画伯作品に化けてかべにおさまり、文士劇で名調子をきかせると思えばもうかけ出して、ミス・何々美人コンテスト会場かなんかで八等身について演説なんかしてる。

飛行機に乗ったかと思えばもう帰って来て、大映本社の机の前に坐ってハンコなんかおしている。永田ラッパ氏と仲良しだから、あんな大声になったかどうかは知らないけれど、イイダコみたいな顔をしているくせに声は広告塔のスピーカーよりも大きい。そして又、無類の人情家でもあり、映画をみてもすぐに、涙をこぼす、この人に意見をされて、まともに返らぬ不良はないだろう。

少年感化院長にでもしたい。

今日も今日とて、あの頭でブルンブルンと風を切り乍ら、縦横無尽にとびまわっている事だろう。

戒名（念の為）

殺人的多忙症涙腺刺戟過多要騒音防止居士

梅原龍三郎さん

おめにかかるたびにタライ位の灰皿と、大徳用マッチを進呈したくなる位、いつも煙草をくわえてはマッチをさがしていられる。

くわえ放しで話をされ画もかかれるから灰は落ち放題、立ち上ると胸からひざからさあッと灰が舞い下りる。揚句の果ては煙草が短かくなって行って、ついに唇の中へジュジュッと吸いこまれ、「アチチ」「ペッ」とはき出されるので唇がいつも火傷だらけである。軽井沢のお宅でモデルになって坐っている最中でも、先生の唇の先にぶら下っている火のついた短かい煙草が、気になってちょいちょい横目でみなくてはいられなかった。

えらい骨董品になるとポーズなんかは不必要になって、何だかてっぺんもみえない大きい山か海でもながめているような気がする。それでいて、画室に伺うとそこらに散らばっている作品を二、三御自身で片づけたり、「これは一寸気に入ってるが」と床の間にたてかけて見せて下すったりする。

私みたいなものにはもちろん出来がどうであろうとそんなことは判らない。これが百万といわれれば「へー」と思い、これは十万と教えられれば「ふうん」と思う程度なのに、こうして気を使って下さると、自分まで何だか上等になったようで悪い気持ちがしない。

私の映画を場末の映画館まで追いかけて、みんな見て下さるらしい。

お正月の四日には「二十四の瞳」を御らんになりに並木座へ出かけて、二時間立ちん棒であっちへ押されこっちへ押され、人の頭と音楽とセリフだけをお聞きンなって、おまけに風邪までしょってきちゃった、と笑っていられた。

「浮雲」を御らんになるという日はあいにく朝から、今年初めての吹雪の寒い日で、それでも十時に日劇へ約束通りいらしって下すって、私は全く恐縮した。

帰りには御馳走までしていただいて、ますます恐縮して嬉しくて、パクパク喰べて喰べまくってしまった。

何て図々しいんでしょう、私は。

（『まいまいつぶろ』一九五五年）

翡翠

十一月十四日。

私はその日、上野発十二時の東北新幹線で仙台へ行く予定だった。スーツケースの点検や身支度をしながら「できれば上野動物園の裏にある円地文子先生のお宅へ寄って、チラッとお顔を見てゆこう。先だっての電話では美味《おい》しい卵焼きを持って行くって約束をしたけれど、お目当てのすし屋はまだ店を開けていない。ま、卵焼きはこの次ということにして今日はコンチハだけでおいとましよう」と私は思っていた。

使いに出ていた車が帰るのを待ち兼ねるようにして私は出かけた。

「上野へ行って」

「上野っていえば、円地先生が亡くなりました。いまラジオで聞いたばかりです。今朝七時に亡くなったそうです」

頭の中に、白いモヤがかかったようになって、私は絶句した。いきなり平手打ちでもくらったような妙な気持ちだった。

私は花屋へ飛びこんで、白菊の枕花を整えてもらって再び車に駆けこんだ。両手で抱えている白菊を瞠《みつ》めながら、

「卵焼きが白菊になるなんて、卵焼きが白菊になるなんて」

と、アホウのようにくり返していた。

「玄関さきに出るとね、象の鳴き声が聞こえるの、ホントなんだから……」と、円地先生がおっしゃっていたその玄関さきに着いたのは十一時ごろだったろうか。一人娘のお嬢さんが玄関の掃除の最中で、上がりがまちにはお嬢さんの御主人らしい男性が立っていて、他に人影もなかった。白菊を置いて頭を下げ、帰ろうとする私に「どうぞ、顔を見てやってください。望み通りの安らかな亡くなりかたでした。まるで眠っているような顔ですから」という言葉が追いかけてきた。

私はどんな知人友人でも死顔だけは見ないことにしている。死顔を胸の中にしまいこんでおくほどの勇気が私にはないからだ。けれど、もし、いまから四時間早かったら、生きている円地先生にお会いできたのに、という未練が私に靴を脱がせた。

胸の上に小さなナイフを置いた円地先生は、ベッドにちんまりと納まったまま、動かない。コートも脱がずにつっ立っている私の頭に再び白いモヤがかかり、額がすうっと冷たくなった。持病の貧血の前兆である。

「すみません、帰ります、気分が悪いのです」

私はそれだけ言うと、表に飛び出して車に這《は》いこんで横になった。耳の中がシュンシュンと鳴っていた。

後に聞いたことだが、円地先生が亡くなる三カ月ほど前に、指から離したことのない翡翠の指輪が不意に二つに割れたという。家族の胸に不安が走り、ただちに修理に出した。指輪は間もなく先生の

思い浮かべた。

指に戻ったが、先生の顔は晴れなかった、という。「あの翡翠だ」。私はあの緑のしずくのような色を

昭和五十五年の春、円地先生と私はホノルルへ旅行した。先生はワイキキのリージェントホテルに宿泊、私はアラモアナのアパート暮らしだった。到着の翌朝早く、時差ボケでうとうとしている枕もとで電話のベルが鳴り続けた。

「お早よう、高峰サン」

「あ、円地先生、もうお目ざめですか?」

「私、朝は早いの。あのね、私の部屋は二十九階なの。ここから飛び降りたら、ラクに死ねると思って、いまずっと下を見下ろしていたところ」

「なんですって? ヘンなこと言わないでください」

「それなら来てよ、あなた。私、淋しいわよ一人で」

「はい、すぐ伺います、待っててくださいよ」

タクシーで駆けつけた円地先生の部屋の机の上には、書きかけの原稿用紙が広げられ、太めのサインペンと拡大鏡が転がっていた。「二十九階のラナイ(ベランダ)から飛び降りたら……」は冗談としても、七十余歳のホテルの一人暮らしである。「淋しいわよ」は本音かもしれない、と、私は少し心配になった。

「どなたかお連れさんを招《よ》んだらどうですか?」

と、いくらすすめても、円地先生は、まるでお嬢ちゃんがイヤイヤをするように首を振るばかりで返事がない。私は根負けして、明日からの予定を立てはじめた。

朝食は、買いおきのパンや果物ですませて、九時から十時までの間に私が迎えに行く。ランチはワ

リカン。夕食は私の手料理でアパートですませ、帰りはタクシーでホテルまで送って行く。円地先生ははじめて「コクリ」とうなずいた。

私がアパートの台所で夕食の支度をしている間中、円地先生はきまってカウンターに両肘《ひじ》をのせて頬杖をつき、私の背中に向かってとりとめのないお喋りをした。

「私、台所仕事したことないの」

「先生の部屋を見れば分かりますよ。スーツケースは開けっ放し、ベッドにストッキングが片っ方ひっかかってて、もう片っ方はバスルームだもの」

「あなた、紫、好き?」

ハワイで円地文子と。

「紫色ですか？　好きですよ」

「私、紫色の上等の紗《しゃ》の着物持って来たの、帰りに置いてゆこうか」

「いりません。第一、先生はチビだから寸法が合わない」

「あなただって小さいほうよ。私、大女は大嫌い。女はね、こぢんまりと小さくて、男の胸にスッポリと入るようなのがいいのよ」

とつぜんに、作家円地文子の世界がせり上がってくるような台詞《せりふ》を聞いて、私は思わずふりかえった。

その眼の前に、先生の片方の手が突き出された。

「この指輪はね、私が娘のころに父が買ってくれたのよ。いいでしょ？」

「いい翡翠《いし》だけど……周《まわ》りが汚れてますね、これじゃ文字通りの台なしだ。洗濯してあげる」

私は、バスルームから持ってきた新しい歯ブラシにたっぷりと石鹸をつけて、翡翠を囲んでいるダイヤの間の汚れを落とし、お湯ですすいでティッシュペーパーで拭いた。

指輪は、まるで甦《よみがえ》ったようにカウンターの上で輝いた。

「きれいになった。ほんと、きれいになった」。視力の薄い両眼を指輪に押しつけるようにして、翡翠に見入っている円地先生は、まるであどけない少女のようだった。

「お会いしたいの。お話があるのよ、待ってるわよ」

という円地先生の電話の声が、いまでもはっきりと私の耳に残っている。お話とは、いったいなんだったのか。もしかしたら、私が洗濯をした翡翠の指輪のことだったかもしれない。それを聞いてみたくても、もう、円地先生はいない。

（『おいしい人間』一九九二年）

つむじ風

朝刊を開いたら、アメリカのどこやらで「大竜巻の発生で民家の屋根が吹き飛ばされ、自動車が舞い上がった」というニュースが出ていた。どういう気象の変化でそういうことになるのか知らないが、とにかく恐ろしいことである。日本国では、たまに竜巻が起きても「猛烈な旋風」程度の小規模なもので、それよりチビなのは俗に「つむじ風」と呼ばれるものだろう。

このお話はいまから四十余年も前、昭和二十三年、秋のことである。その日は朝から家中の窓ガラスがカタカタと鳴り続け、庭木の枝が身をもむようにゆれ動き、落葉がくるくると輪を描きながら地面を這っていた。

風というものは妙に人の心をさわがせるが、とくに今日のつむじ風は「大事なこと」の前だけに神経が落ちつかなかった。大事なこと……それは、私の日頃敬愛する幸田文さんとラジオで対談することになっていたからである。

私は当時、二人の女性にぞっこん惚れていた（今もそうだが）。一人は名女優、杉村春子さんであり、一人は作家、幸田文さんである。このお二人、それぞれに仕事もちがい、歩く道もちがうが、優れた人間だけが持つ共通点がたくさんある。

まず第一に聡明である。第二に真摯な生きかたである。第三に和服姿がバツグンで、第四に……と、数えあげればキリがない。

テレビの画面に杉村さんが現れると、私はたとえ酔っぱらっていてもキチンと正坐して杉村さんの至芸を拝見する。

幸田さんの文章の一行一行に溢れる品格と清冽さもさることながら、その文章の中から、生活の小さな智恵を私はどれほど教えられたか知れない。例えば、雑巾はバケツの水の中でしぼってから上へあげるとまわりに水が散らない。襖をちょっと持ち上げれば敷居の掃除が簡単にできる。……などなどである。幸田さんは十四歳からから十八歳までの四年間に、作家である父上、幸田露伴に、作法、料理、掃除のしかたまで徹底的に教育された、というが、教える側の一片の妥協もない厳しさにも、全身で立ち向かってゆく教わる側の根性の強さにも、父と娘の羨ましいような愛情が溢れていて実に感動的である。

こういう優れた女性と同時代に生まれ、間接的にでもその生きかたに触れることができた私は、やはり「しあわせな人間」だといえるだろう。

さて、つむじ風は相変らずザワザワと音を立てている。昭和二十三年といえば、まだテレビは無くラジオの時代だったから、対談といっても何を着ようが関係はない、とはいうものの、相手がなんせ幸田弁才天だからお行儀のいい服装でなければ失礼にあたる。当時、幸田さんは四十二、三歳、その文章から推しても、絶対にゾロリとした絹物で現れるはずがない。私の勘によると、キリっとした紬《つむぎ》か八丈あたりでは？　と思い、私は無難な黒のスーツで出かけることにした。

場所は銀座のビルの一室だったが、つむじ風のおかげで折角のヘヤスタイルがハリネズミの如く逆立ってしまい、あわてて洗面所に駆けこんだ私は髪を整え、ついでに深呼吸を二、三回して気持ちを整えた。約束の時間にはまだ十五分あるが、こちらは二十三歳のヘナチョコ女優、早く会場に着いて幸田さんをお迎えしなければ……と、エレベーターに飛び乗った。「落ちついて……落ちついて……」と自分に言い聞かせても、胸の動悸は早まるばかりである。

私の到着後、五分ほどして、それでも約束の時間より十分ほど早く、幸田さんが姿を見せた。ラジオ局の人の紹介もそこそこに、幸田さんはスッと私に近づいてきた。ドンピシャリ、辛子《からし》色に焦げ茶の格子柄の八丈だった。

「高峰さん、はじめまして、幸田文でございます」

私もあわてて頭を下げたものの、緊張のあまり挨拶の言葉も出ない。幸田さんは続けた。

「今日は朝からつむじ風でしょう？　風は人の心をザワつかせるので朝から気分が落ちつきませんでねえ……。なんとなく出がけまでバタバタしていて、矢庭《やにわ》にハンドバッグをひっつかんで出ようとしたら、娘に叱られましたの。今日は高峰さんと対談でしょ？　初対面だというのにそんなバサけた気持ちで飛び出していっていいの？　って。私、シュン！　としてしまいました。若いころは父に叱られ、年をとったら娘に叱られ、私って、いつまでたっても不器用なんですねえ……」

言葉とは反対に、口元に微笑が浮かび、くっきりとした目元が爽やかである。

のっけから、心遣いの溢れる優しい言葉に、カチカチになっていた私の両肩からスッと力が抜けた。アナウンサーにうながされて、幸田さんと私はマイクロフォンをはさんで向かいあった。対談のテーマは「和服について」だったが、何をどう喋ったかは一言も記憶にない。私はただ、目の前の、シャッキリと美しい幸田さんにみとれていた。

その後も幸田さんは次ぎ次ぎと見事な作品を発表し、私も映画やテレビで、「流れる」「黒い裾」「台所のおと」などに出演した。その中のどれか一本でも幸田さんは観てくださっただろうか？……いや、そんなことはどうでもいい。あの対談の日以来、わが家のガラス窓がカタカタと音を立てるたびに、私はいつも、「娘に叱られて、シュン！　としてしまいました」と、笑顔の首をかしげた幸田さんを思い出す。小僧らしいつむじ風も、いまではなつかしい思い出のひとつ、人間とは勝手なものである。

（「風の出会い」より『ミセス』一九九三年三月）

壺井先生のやさしさ

昭和四十六年三月二十四日に廃止になった岬の分教場が、当時のまま保存されているんでとっても嬉しかった。

あの役は、作るのが難しかったんですよ。壺井栄先生のお宅を訪ねて、いろいろご相談したんです。そのとき、お手洗いを借りたの。そしたら、お手洗いに置いてある洗面器にくちなしの花が浮かしてあったんです。

壺井栄と。

それを見て、壺井先生のやさしさにジーンとうたれました。これだわ！って思いました。

大石先生は、やさしさ一本で通すことにしました。

（『週刊TVガイド』一九七四年七月五日）

気になる本『浮雲』

一九五一年、五月。二十五歳だった私は、羽田空港からパリに向かって飛び立った。物見遊山などという結構な旅ではなく、日本国内脱出、海外逃亡めいた必死の旅立ちであった。

理由は、私の好むと好まざるにかかわらず、限りなく膨張してゆく映画女優の「高峰秀子」という虚像に振りまわされて、ホトホト疲れ果てたからである。

「親もいらない、人気もいらない、金もいらない、恋もいらない」と、日本国をふり切るようにしてパリに到着した私は、ルクサンブールの学生町で七ヵ月間の下宿生活に入った。当時のパリにいた日本人は十人足らず、フランス語の分からない私には新聞もラジオも無関係、日本の情報など何ひとつ得られず、ただ虫のように毎日を過ごしていた。

そんなある日、日本から、ボロボロになった小包が届いた。単行本の端っこが覗《のぞ》いていて、林芙美子著の『浮雲』だった。日本の活字に飢えていた私は、文字通り、貪《むさぼ》るようにして読んだ。『浮雲』のストーリーは、惚れた男の不実をなじりながらも、恨み、反撥《はんぱつ》、つらみ、あきらめをくり返して、最後には喀血《かっけつ》して死んでゆく、という、全く救いのない女の物語である。

それでなくても、生まれてはじめての孤独をかみしめて頑張っている私には、読めば読むほど気の滅入るような小説だった。そして、破れた包装紙には送り主の名前がなかった。

　私のパリ行きを知ったとき、眼を吊り上げて反対した母が本など送ってくれる筈はなく、私が林芙美子のファンであると知っている友人もない。考えられるのは、人気女優の私の周りで、オスの匂いをさせていた、男性たちの一人がその送り主であったかもしれない。もし、そうだとしたら……その心は何なのか?……『浮雲』のヒロインゆき子のように、踏まれても蹴られても俺にしがみついていろ、というナゾなのか?……。全く、もう、「お前さん、うぬぼれもいいかげんにおしよ」と、私はチャンチャラ可笑《おか》しかった。

　七ヵ月の逼塞《ひっそく》が終わり、チーズとワインで雪ダルマの如く太った私は帰国し、その年の内に、「稲妻」（林芙美子原作）、「カルメン純情す」など四本の映画に出演し、そのあと「雁」（森鷗外原作）、「女の園」（阿部知二原作）、「二十四の瞳」（壺井栄原作）、など、立て続けに八本の映画に出演した。

　東宝映画から「浮雲」（林芙美子原作）の出演交渉があったのは、一九五四年であった。パリで『浮雲』を読んだときは、まさか私がゆき子を演《や》るなどとは夢にも思わなかったので、私は仰天した。そして、映画化を前提として読みなおした『浮雲』のヒロインは、役としても難役で、私には到底自信がなかった。私は東宝に断りの返事をしたが、東宝は承知せず、私はしかたなく、届けられた脚本のゆき子の台詞《せりふ》だけをズラズラとテープに入れ、「このように下手クソなので、遠慮させていただきます」という手紙をそえて成瀬巳喜男監督に届けてもらった。が、なんと、映画化の準備は急速に進み、アッという間もなく撮影は開始された。いまの女優なら要領よく蒸発でもしただろうが、私にはそんな才覚もなかった。

　相手役の森雅之さんの名演に支えられて、「浮雲」はようやく完成した。私の尊敬する小津安二郎監督から、「ウキグモハ　ブンガクニカツタ　デコ　オメデトウ」という電報を頂戴したとき、私はやっと、ヤレヤレと一安心した。

なんのかんのと『浮雲』は私にとって人さわがせな本だったが、私が受けた六十余の女優賞の大半は「浮雲」と「二十四の瞳」でいただいたのだから、人間一寸先のことは分からないものである。

それにしても、パリの空の下で読んだ『浮雲』の送り主は、いったい誰だったのだろう？　指さきにもぐりこんだ小さな棘《とげ》のように、『浮雲』はなんとなく気になる本である。

（『おいしい人間』一九九二年）

三島由紀夫割腹自殺　昭和四十五年十一月二十五日

昭和四十五年十一月。三島由紀夫さんが割腹自殺をしたとき、私は六本木の防衛庁正門の近くにいた。もっとくわしくいうと、所用でたまたま防衛庁の前を通りかかった私は、通行止めで渋滞している車の中でラジオのニュースを聞きながら、ただ呆然とし、そして、いまの言葉で言えば「キレたな」と思った。

三島さんとは、何度か対談をしたり、パーティの席で雑談をしたり、で、面識、よりはやや多いくらいのつきあいだったが、いつもカン高い笑い声の底に、なぜか屈折した神経のいらだちのようなものがひそんでいる、そんな印象を受けていたものだった。

その日、私がどこへ行こうとしていたのか、何の用事でそこを通りかかったのか、いくら考えても思い出せないが、今でも防衛庁の前を通るたびに、ひげ剃りのあとが清々しく、爽かな貴公子然としていた三島さんの笑顔をおもいだす。

（『文藝春秋』二〇〇〇年二月）

菜の花

平成七年は、関西の大震災、そして世にもまがまがしいオウムの事件など、日本人にとっては心痛むことの多い、一言でいえばイヤな年だった。直接には関係のないような私でさえ、地震で家族や家を失った方々、特に、オウムのために命まで落とした假谷《かりや》さん、坂本弁護士御一家のいたましい死は、日がな一日私の頭の上に灰色の雲のようにドンヨリと居据わって、気分の晴れない日々をすごしていた。

パリに、五年余の単身赴任をして、東京に帰ってきた古い友人から手紙が来た。

「……日本という国の暮しにくさ、居心地の悪さをつくづくと思い知らされています。パリでの、なつかしい故国へ、というおもいは、もう断ちきれました。できるだけ早く、今度は家族と共にパリへ戻ろうとおもっています。高峰さんもいっそ日本を捨てて、パリへいらっしゃいませんか？……」

その手紙を追いかけるようにして、つぎにはオーストラリア在住で、日本の大会社の支社に長年赴任している、これも古い友人から手紙が来た。

「昨年の七月に、出張で日本へ行きました。なにもかも荒れ放題で、おそろしいような日本に辟易《へきえき》して、早々にオーストラリアへ戻りました。高峰さんもおそろしい日本を離れて、優しく静かなオーストラリアにお住みになったら如何《いかが》でしょう？　ナリタから直行で八時間半です……」

二通の手紙の内容はほとんど同じだった。たとえおせじにしても、私のような者への優しい心遣いを心底ありがたいとは思ったけれど、まだ五十代の二人の男性とはちがって、私はもはや七十歳を越えた老女である。到底、パリやオーストラリアへ引越しをする元気も体力もない。東京は麻布《あざぶ》の一角に、老いたるガマの如《ごと》くしゃがみこんで、カラ元気をだして余生を送るより方法はない。

頭の上の灰色の雲は依然として消滅してはくれないけれど、さて、今年は子《ね》の年、私の年である。昔から子年は運の強い年だといわれている。せめて去年よりはいい年でありますように……と、念仏のように願っていた矢先の二月十日に、北海道、豊浜トンネル崩落という大惨事が起きてしまった。なぜ、日本という国は、あってはならないことばかりつぎからつぎへと起るのだろう。……めったに見ないテレビのスイッチを入れ、ラジオのニュースに一喜一憂し、ひたすら、トンネル内に閉じこめられた人々の無事を願っていた十二日の夜、今度は驚天動地、胸の潰《つぶ》れるような事態が起きてしまった。

私ども夫婦にとって、この世でいちばん大切な御方である司馬遼太郎《りょうたろう》先生の訃報《ふほう》である。訃報が知らされたのはNHKからで（いまおもえば、司馬先生の逝去《せいきょ》から一時間も経《た》っていなかった）電話口に出た夫はとっさに、「高峰はおりません。旅行中です」と言うなり受話器を置いたが、その顔は血が引いて別人のようだった。

「司馬先生が……亡《な》くなった」……。ベッドの中で本を読んでいた私は、いきなり平手打ちでも食ったようで、ただ呆然《ぼうぜん》となり、ものも言わずにそのまま布団《ふとん》にもぐりこんだ。頭の中が真白で、涙は出なかった。

電話のベルは執拗《しつよう》に、夜っぴて鳴りつづけた。

早朝にベッドから這《は》い出た私は、寝不足でグラグラする頭を抱えて、とにかく表へ飛び出した。過去の経験からいっても、テレビ、ラジオの出演交渉、新聞などのコメント、インタビュー、そして原稿依頼などの電話のベルから逃げきるには、二、三日の間、自分が消えてしまうより他に、方法はない。

デパートに入り、喫茶店に入り、スーパーマーケットに入り、と、私はやみくもに歩きまわった。

司馬先生が、亡くなった？　……信じられない、信じたくもない。そのくせ、結婚以来三十六年間、御自分の存在など度外視して、すべてを司馬先生の人生の中に埋没することで一途《いちず》に生きてきた、みどり夫人のたまぎるような悲嘆……。

司馬先生を心から敬愛し、先生にぴったりと寄りそいながら、四年余りの間「街道をゆく」のさし絵を楽しげに画《か》き続けた安野光雅《あんのみつまさ》画伯の大きな落胆……。そういった、胸のふさがるようなことばかりがこみあげてきた。

二月十七日の東京は大雪になった。私は机の前に坐《すわ》って、私の単行本を何冊か手がけてくれた潮《うしお》出版社の女性編集者が、ファクシミリで流してくれた司馬先生に関する新聞記事のあれこれをぼんやりと眺めていた。ファクシミリは、切りとっても切りとっても、長い帯のようにとめどなくすべり出してきた。

東京新聞の「司馬遼太郎氏の作品一覧表」という囲み記事に、目が吸いよせられた。

昭和三十五年。『梟《ふくろう》の城』（直木賞）とある。『梟の城』……なんとなつかしい本だろう。当時、『梟の城』の評判は最高だった。時代小説にはまるで興味のなかった私までが、売り切れをおそれて書店に駆けつけ、一気に読んだ。斬新《ざんしん》で、みずみずしくて、文章が魅力的で、びっくりするほど面白かった、というのが読後の感想だった。作者が司馬遼太郎という人で、私よりひとつ年上であることも知った。

のちに、その優れた作家と、わずかでも個人的な関わりあいができようとは、夢にもおもわなかったことである。

夢といえば、司馬先生の御席にはべっているときの私は、先生の上等な話術と、言うに言われぬ一種の華やかさと、嫋々《じょうじょう》とした雰囲気に魅せられて、いつもうっとりと夢見心地だった。その夢のさなかで書き散らした司馬先生の思い出が、次ぎのヤクザな雑文である。

《人間たらし

結論から言ってしまえば、私たち夫婦にとっての司馬遼太郎先生は、大げさではなく『生き甲《が》斐《い》』ともいえる御方だと思う。

人間は誰でも、ただ、その人と同時代に生れたこと、その人と同じ空の下で同じ空気を吸っているのだ、と思うだけで心の支えになる、というアラヒトガミを心に持っているにちがいない。

司馬先生もまた、お目にかかれるのは一年に数えるほどだが、そんなことはどうでもいいことで、私たち夫婦の日常会話の中で、なにかにつけて、『司馬先生なら、きっと……』とか、『みどり夫人だったら……』などと、いと親しげにお名前を口にするだけで、ああ、とっても倖《しあわ》せ。太宰治《だざいおさむ》のカチカチ山の狸《たぬき》の台詞《セリフ》ではないけれど、『惚《ほ》れたが悪いか！』と、ひらき直っている心境である。

司馬先生の、どこがどう素晴らしいのか？　ということは、司馬先生を知る諸氏先生がたがウンザリするほど喋《しゃべ》り、書いておられるので、私などがいまさら粗末な文章をひねくりまわしてもはじまらない。

ただ、なにゆえにこうした羽目になっちまったか、というキッカケだけ書けば充分ではないか、と思う。

昭和五十三年の春。中国ではじめて廬山《ろざん》が開放されたのを機に、桑原武夫《たけお》、小川環樹《たまき》、橋本峰雄、の諸先生、そして司馬遼太郎先生御夫妻の一行が中国を訪問されることになり、なぜか私ども夫婦もその末席に連なる光栄に恵まれたのだった。

上海、蘇州、廬山、南昌、広州、と、二週間余りの日々は、その楽しさもさることながら、毎夜、夕食後に開かれる『感想会』で先生がたの会話を拝聴しているだけで、万金の月謝を積んでも入れない教室に迷い込んだ如く、勉強になった。

あっという間に旅は終わり、一行は香港で解散した。別れは淋《さび》しい。とくに司馬先生御夫妻とはこれきりお目にかかる機会はないだろう……。けれど、そういう私たちの心を、まるで見抜くかのように、司馬先生が例の、優しくやわらかな口調でのたまうたのである。

『旅には終わりがありますなァ。でも、あなたがたとは、これが旅のはじまりだっていう気がするんだ』

どうやら私たち夫婦はこの瞬間に、カチカチ山の狸になってしまったようである。ああ、この見事な、すさまじいほどの殺し文句。吉行淳之介《よしゆきじゆんのすけ》にいさんといえども到底及ぶものではない。司馬先生という方は一目でもお目にかかったら最後、どんな人間でもその魅力にひかれ、とりつかれて、われを忘れてしまう、というふしぎなオーラを持っておられるのだ。もしかしたら司馬先生は『人間たらし』の達人なのかもしれない。『女蕩《おんなたら》し』とか『蕩しこむ』という言葉があるけれど、司馬先生の場合は断固として『たらし』とひらがなでなくてはならない、と私はおもっている。

『旅のはじまり……』などというロマンティックな御自分の台詞に責任を感じてか、仕事以外の旅行に出る時間など全くない司馬先生御夫妻が、どこから時間をひねり出したのか、あまり頼りにならない私ども親衛隊をお供にハワイはホノルルへお出かけになったことがあった。司馬先生のおそばにはべるだけでしあわせ一杯というミーハーの私は、グリコのマークの如くただバンザイだけれど、きらめく太陽と爽《さわ》やかな風だけが取り柄で、あとは何ちゅうこともない俗っぽい観光地と司馬遼太郎大先生とはなんとなくそぐわなく、私は出発前から少々心配だった。

案の定、ホノルルはシェラトン・ホテルのスイート・ルームにチェックインした司馬先生の表情には、心なしか戸惑いの色が見えたようだった。

『この旅行では、メモも鉛筆も持たないよ。テレビや新聞もみないで大いに怠けるんだ』

とは仰言《おつしや》っていたものの、大いに怠けるなどという芸当が出来る司馬先生ではない。ホノルルで司馬先生の興味をひきそうなところといえば、ビショップ・ミュージアムとハワイ大学の図書館ぐらいのものだろう。とにかくハワイという島は、浮世のウサを忘れてアホになりに来るところなのだ。アホにはなれず、酒のみでも食いしんぼうでもなく、ゴルフも水泳もなさらず、ショッピングなどカンケイない司馬先生を、いったいどう取り扱うべきか？　……まさかわがアパートの棚の上に飾っておくわけにもいかないし……。

とつぜん、わが夫・ドッコイが、アパートの物置きからビーチ用の椅子《いす》をひっぱり出した。

『司馬先生を、海の見えるアラモアナ・パークへお連れしよう。この椅子に坐っていただいて、しばらくの間一人っきりにしてさしあげよう。僕たちはショッピングに行ってきます、と言って消えればいい』

ビーチ・チェアをかついだ夫・ドッコイを先頭に、司馬遼太郎とその楽団の一行はアラモアナ・

パークへと向かった。緑のカーペットを敷きつめたような美しく静かな公園には、枝を傘のように広げた見事な大木が点々と涼しげな影を作っている。夫は一番大きい木の下にしっかりとビーチ・チェアを据えた。

二時間後、両手に買物袋をぶらさげた私たちは再び公園に戻った。緑の中に、司馬先生の銀髪が風にそよいでいた。

『よかったよ。一人にしておいてくれて。おかげで次ぎの仕事の構想が全部できた』(あとで伺ったら、この構想が〝菜の花の沖〟という作品に完成されたとのことだった。そして、司馬先生は菜の花が大好き、ということも知った)

ニッコリとした司馬先生を見て、夫もニッコリと嬉しそうだった。

夫・ドッコイは司馬先生を『動く百科事典』と呼び、先生と向かいあうと自分がチリ、アクタに思えて身がすくむ、と畏敬《いけい》の念に震えているが、一歩仕事をはなれたときの司馬先生は、やはり人の子、珍談、奇談にこと欠かない。

司馬先生は大阪の郊外に住んでおられ、月に一度ほどは東京へご来駕《らいが》になる。早朝に御出発というときは、前日の夜にみどり夫人が衣服をはじめ用意万端整えておく習慣らしい。

ある早朝、みどり夫人が洋服を着ようとすると、たしかに昨夜出しておいた真赤なスェタアがない。どこを探してもみつからないのであわてて他のスェタアを着用して東京行きの新幹線に飛び乗った。常宿のホテルオークラに落ちつき、司馬先生がトックリのスェタアを脱ぐと、その下にどうしたことか、みどり夫人が探していたスェタアも着こんでいらした、という。よくまァ、暑くなかったものである。

つぎは、新幹線の車中でのお話。

ふっと席を立たれた司馬先生がいつまで経っても戻らない。『トイレか、それとも煙草《たばこ》でも買いに……』と思っていたみどり夫人は、少々心配になってきた。隣りの車両へ行ってみると、先生が窓外を眺めながらお弁当を召しあがっている。

『どうしたんですか』

『どうしたって……弁当があったから喰ってる』

『私たちの席は、お隣りの車両ですよ』

『？』

目の前に年配の男性が立ち停った。

『ここ、私の席なんですが……あッ、それは私の弁当です！』

ほとんどカラになった弁当箱を抱えたまま、さすがの司馬先生も絶句した、という。弁当を買って返そうとしたが、電車は東京駅まで停らない。司馬先生は東京駅のホームへおりてからもその男性に平身低頭してようやく許してもらった、という。

つぎはオランダのホテルにて。

『一足さきに食堂へ行ってる』という司馬先生を追いかけて、食堂に入って行くと、先生は早くも朝食の真最中。なんだか様子がヘンなので、よく見れば、そこらへんに喰べちらしたオムレツの皿とか飲み残したコーヒー・カップなどがちらばっている。どうやら先客が立ち去ったあとのテーブルらしく、司馬先生はスイとそこに腰をおろしてバスケットに残っていたパンをムシャムシャやっていたらしい。こんな事態のときは、どういう朝食代の払いかたをしたらいいものか、とお供の者は頭を抱えたが、司馬先生は口をモグモグさせながら、テンとして動じる様子もなかった、という。

やはり、常人を越えた『達人』とでもいうのだろう。

しかし、司馬先生といえども天は二物を与えなかった。頭の中は健康優良児でも、肉体的にはいささかのハンディがある。それは、この世の美味といわれているカニ、エビ、の類《たぐい》を食すと、ただちにジンマシンが起き、鳥料理を見ただけでも気分が悪くなるという哀れな体質を持っていられることだ。だから司馬先生を囲む食卓にはこの三種の美味は断固として出現しない。あのとてつもない銀髪は、先生の体質となんらかのカンケイがあるのだろうか？　と、私はいつもふしぎに思っている。》

＊

動物好きの人が、野良犬《のらいぬ》や捨て猫の前にしゃがみこんで、「ホラ、こいこい、おいで」と手をさしのべているときの、こよなく優しく柔らかいまなざしを、誰でも見たことがあると思う。野良犬や捨て猫は一瞬、身を低くして警戒の体勢をとるが、やがて優しい眼の色にひかれてソロリ、ジワジワとにじり寄る。「お、きたか」とひとこえ、すくいあげるように抱きあげて膝《ひざ》に乗せ、「寒くはないか？」「ハラがへってるんじゃないか？」と、ゆっくりと背中を撫《な》でてやる……。

司馬先生は、犬や猫のみならず、どんな人間にでも常にこの眼で向きあった。ヨロイを着こんだエライさんとか、大先生と名のつく人には、ときおりその眼が鋭くきびしく光ることもあったけれど、いわゆるフツーの人々にははじめから心を大きく開いて、その人の言葉に熱心に耳をかたむけ、ざっくばらんなおしゃべりに時をすごすのが何よりの楽しみのようだった。

昭和五十三年の中国旅行以後、司馬先生は、新刊著書の送りさきのリストに私の名前を加えてくださったようだった。お礼状を書かなくては……と、もたもたしている内に、次ぎの贈呈本が到着する、という、仰天するような勉強ぶりであった。たとえハガキ一枚ほどの礼状にしても、先生の大切な時間をむしり取ってはならない。私にできることはただひとつ、「司馬先生の邪魔をしないこと」それだけだ、と私は思い、下手な礼状を書くことはあきらめて、その代りに、一年に一度だけ、先生のお好きな菜の花を送り届けることに決めた。

花屋の店さきに菜の花が素朴な姿をみせるのは、二月末から三月にかけての、ほんの四、五日の間である。うっかりしているとチャンスを逃がして来年まで待たなければならない。いつだったか、東京の花店から大阪の花店に電話で注文してもらったら、どうしたわけか黄色は黄色でも菜の花がフリージヤに化けて到着したらしく、以来、大阪在住の友人の手をわずらわせて、黒門市場に入荷ホヤホヤの活《い》きのいい菜の花を司馬家まで持参してもらうことにした。

しかし、甘ったれの私は、ときおり、恥をしのんで私の雑文本を進呈させていただくこともある。『私の梅原龍三郎』(文春文庫)は、梅原画伯の思い出を綴《つづ》った、というより、写真集のような本である。梅原画伯の絵がお好きだった司馬先生に、せめて写真だけでも御覧いただきたい、と思ったが、先生は文章まで克明に読んでくださったらしく、私へのいたわりとはげましが行間に溢《あふ》れているようなお便りを頂戴《ちょうだい》した。

「『私の梅原龍三郎』すばらしい御本でありました。梅原という巨人がよくわかりました。梅原紹介の文章はこの世に多いのですが、この本の右に出るものはありません。絵をかくためにうまれてきて、絵をかくほかは、絵をかく目をやしない、絵をかく体を養い、絵をかく舌をやしない、最初から世俗欲を超越していて、世俗のほうが、あとから息せききってついてきて、世俗が会釈《えしやく》するのをほどほどに無視し、ただ存在するだけでひとに畏怖をあたえ、しかもそういう自分に気づかず、しかものんきぼうずとしてゆるゆると世に生きた人の姿が、この本を読み、かつ見れば、あっと頓挫《とんざ》するようにわかってしまう。というのが、読後の、大いなる感想でありました。
松山さんによろしく。」

私の二百三十頁《ページ》の本が、ハガキ一枚に凝縮された文章読本のようなお便りで、「高峰さんネ、ものを書くということは、こういうことなんだよ」と、やんわりとお叱《しか》りをいただいたようで、私は冷汗をかいた。

昭和四十六年からはじまった「街道をゆく」は、司馬先生の体力の続く限り、という予定のもとに、大勢の読者を楽しませた長期連載だった。

さし絵を担当したのは、オニの子供のような須田剋太《すだこくた》画伯である。御自分の考案だというポケットだらけの、御自分では得意らしいけど、他人が見るとかなり妙ちきりんな仕事着を着たヤンチャ坊主《ぼうず》のような須田画伯を、なだめたり、すかしたりしながら眼を細めていらした司馬先生は、まるで、須田画伯のお父さんのようだった。

オニの子供が、とつぜん鬼籍に入ってしまったのは、いまから五年ほど前のことだったろうか。好《こう》伴侶《はんりょ》を失った司馬先生の頰が、気のせいか少しソギ落ちたようにみえて、私は心配だった。

「司馬先生、やせたと思わない？」

「そういえば、そうだね」

「顔が小ちゃくなっちゃって、白髪の中に埋まっちゃった」

「同じようなトシだもの、司馬先生からみればボクらもいいかげんにしぼんださ」

「『街道をゆく』のさし絵、安野先生をとってても希望されてるんだって、司馬先生。……そんなこと、チラッと聞いた」

「実現すれば素晴らしいけど、安野先生も秒きざみに忙しい方だしねえ」

「やってみる！」

「なにを？」

「安野先生に、直訴してみる」

安野光雅画伯とは、私の雑文本、七冊ほどの装釘《そうてい》をしていただいたという御縁で、ときたま食事をしたり、電話でノンキなお喋《しゃべ》りをする仲である。大好きな司馬先生の文章と、大好きな安野先生の絵が並んだところを想像するだけで、私の胸はワクワクと沸きかえった。

「とんでもないよ。司馬さんのさし絵なんてサ、おそれおおくって、おっかないよ」

「おそれおおいかも知れないけど、おっかなくなんてありません。とにかく、いい方なんです、安野先生だって一目会えばコロリと惚《ほ》れちゃうから」

「そうお？　そんなにいい方？」

「いい方、いい方。ひたすらいい方」

「秀子サンがそんなに言うんなら……でもさァ、司馬さんて紳士でしょ？　ボク行儀悪いからね、ヘソなんか出してるとこ見たら、司馬さんに嫌われちゃうんじゃないかしら……」

「安野先生のオヘソを見たくらいでビックリするような司馬先生じゃありませんよ。面白がって喜ぶかもしれない」

「ほんとォ？」

「ほんと、ほんと」

みかけによらず、少年のようにシャイでナイーヴな安野先生のお返事は、

「ボクでよかったら」

という、なんだかお嫁にでもいくような一言だった。バンザーイ。私は飛び立つおもいで、司馬先生に報告の手紙を書いた。

「『街道をゆく』のさし絵。安野光雅画伯から『ボクでよかったら』というお返事を頂戴しました。敬愛、私淑する両先生の、共同のお仕事が実現するとおもうと、一読者としてこんなに嬉しいことはありません。

追伸　下手な字の手紙で申しわけありません。司馬先生への手紙だと思うと、金釘流《かなくぎりゅう》を通りこしてこんなヒドイ字になってしまうのです。ごめんなさい」

「街道をゆく」のさし絵は安野光雅画伯と決定し、司馬先生からは長いお手紙も頂戴して、私はしあわせだった。

「……高峰さんの字、いい字ですよ。割れた鐘をついてるみたいで、小生の自筆文字論（いま考えたばかりのネーミングです）としては、理想にちかい字です。小生も割れ鐘文字を書きます。子供のころ、父親からあざけられ、『いまに、日本はタイプの時代になる』と、言いかえしましたが、予言（?）どおり、ワープロ時代がきているのに、無器用で参加できません。ホラは吹かないことです。

安野光雅さんのこと、小生は望外のよろこびです。

『まさかなあ』

と、思い、交渉だけしてくれ、九九パーセントことわられます。といっていたのですが、多忙のなかでひきうけてくださって、これは御両所のおかげであります。

このところ、人死多《ひとじに》し。小生の若いころから、変に頭をなでて下さった人はみんな死んでしまいました。桑原武夫、貝塚茂樹《しげき》、藤沢桓夫《たけお》、井上靖《やすし》、宮本又次《またじ》、それに山村雄一、そして須田剋太。それに、年若の人で、開高健《たけし》（これはこっち側が帽子ぐらいをなでたかな）、近所のお医者の安住新太郎。

安住さんなど、ご自分が末期ガンなのに、小生、かぜがもとでいろいろあって、尿閉（！　はじめてなり）になったのを、カテーテルでもって導尿して下さって、そのあと、

『あしたから入院します』

で、それっきりでした。故郷の鳥取の山でひろったトチの実を三つ置いて行って下さったのが、かたみになりました。

その後、当方はピンピンしていて、処置してくれた人のお葬式に参列していて、本当に世話はない。三つ年下でしたから、こっちがそこ（祭壇）にいるはずじゃないか、と思いました。

陰気なはなしですね。

陽気なはなしはなし。安野光雅大人《たいじん》が『街道をゆく』をひきうけて下さったぐらいのものです。あの人、大変ご多忙ですね。近々、アメリカへ行って、スイスへ行って。アメリカでは、安野画伯のブーム相当なものだそうです。当然ですね。

松山医師は、〝尿閉〟ときいて学問的なお顔をなさるかと思いますが、ごく機械的なものなんです。あれはこっけいで痛いものですね。

追伸
追伸でいうのは、大変失礼です。黄色い花のこと、感謝々々。感謝このことであります。黄色い花を見ると元気がでます。黄色がすきな人は色狂《いろき》です、という話をむかしきいたことだけが、いつもかすかに気になりつる。

三月二十五日
司馬遼太郎

松山善三様
高峰秀子様
」

私の知る限り、いつも颯爽《さつそう》としてお元気だった司馬先生は、座談の中に「死」に関する話題をとりあげることはほとんどなかった。それなのに、このお手紙の中にとつぜん、司馬先生が大切にしていらした、いまは亡《な》き方々のお名前が記されていて、私はびっくりした。そして、「司馬先生はお疲れなのではないかしら？　少し休憩していただきたい」と思った。疲れた司馬先生が、安住医師から形見に残されたというトチの実を眺めていられる姿をおもい浮かべるだけでも、私は不安でたまらなかった。

文中、松山医師とあるのは、松山が岩手医専のおちこぼれということを御存知だったので、余計な心配をかけまいとの御配慮からのことだとおもう。

追伸は、たぶん私が年に一回お届けする菜の花のことで、菜の花のない季節にはしかたなく黄色いバラや蘭《らん》にしていたが、とにかく黄色い花がお好みだったらしい。

＊

平成六年。私は潮出版社から『忍ばずの女』という本を出した。相も変らぬ雑文本だったが、内容は、はじめて書いたテレビの二時間ドラマのシナリオが大半を占めていた。それはどうでもいいとして、その本のあとがきに、私はこんな文章を書いている。

《……六月に入って、シナリオ『忍ばずの女』の決定稿が台本になり、七月には総スタッフの本読み、立ちげいこを経て、ビデオ撮りが開始された。

単行本『忍ばずの女』の、安野先生の装丁画も完成した。絹地に画《か》かれた、匂《にお》いたつように優しい絵であった。と、今度は、この美しい絵にしっとりと納まる書き文字の題字が欲しくなった。人間の欲とは限度のないものである。

あたたかい字、素直な字、まろやかな字……。私は突然、寝室に駆けこんで、タンスから『私のお宝箱』を取り出した。中に入っているのは、司馬遼太郎先生から頂戴したお手紙やハガキである。どのお手紙にも、フグの白子みたいな美味《おい》しそうな字が、少しよろめきかげんに並んでいる。『これ、これ、この字なんだァ』と、私の頭はフグの白子でいっぱいになった。が、司馬先生に『題字を書いてください』と直訴するほど、私は身のほど知らずではない。

司馬先生が、たとえ気まぐれに色紙の一枚でもお書きになったら最後、この世にゴマンといる司馬遼太郎信仰者たちは、小判や金の延べ棒を背中に司馬邸に押しかけ、門前市をなす、ということになるだろう。

青天のヘキレキは、七月二十一日の午後に起った。書留速達で到着した封筒の差出人は司馬遼太郎とあり、『忍ばずの女』という直筆が四通りも書かれた画用紙と、『下手な字を所望されたご酔狂に感じ入って。同封。

われながらへたです。

四種のうちいづれでも。

司馬生』

と記された原稿用紙が一枚入っていたのである。あまりの驚愕《きょうがく》と感動で、私は腰がぬけて呆然《ぼうぜん》となった。

たしかに、この半月あまり、私は司馬風の書体を探し求めてウロウロと歩きまわっていた。『フグの白子、フグの白子……』と、念仏のようにわめいていた私の声が、新幹線に乗って大阪へ行き、司馬先生のお耳に飛びこんだのかもしれない。

そんなジョークはともかくとして、私の大きな喜びのかげには、大切な時間をさいて筆をとってくださった司馬先生はもちろんのこと、何人かのあたたかい御厚情が動いたことにまちがいはない。封筒の表書きに『書留速達』と記されているのはまぎれもなくみどり夫人の筆跡だ。ただ、感謝のおもいで胸がつまる。

私は毎朝、新聞の『今日の運勢』の欄を必ず見る。

七月二十一日のね年の運勢は、〝天の一角より鳳凰《ほうおう》飛び来《きた》る勝ちを制し喜び多し〟とあった。私はその新聞の切り抜きだけを便箋《びんせん》にペタリと貼《は》って、司馬先生にお送りした。

みなさんのお力を頂戴《ちょうだい》して『忍ばずの女』が誕生しました。ありがとうございました。》

＊

フグの白子を頂戴した私は、喜びのあまり、すぐさま新幹線に飛び乗って、大阪は下小阪の司馬邸へお礼にはせ参じたかった。常識からいってもそれが当然、なんのふしぎもない、だが、私は「待てよ」とはやる心を押しとどめた。司馬家の玄関さきで、一言お礼の口上をのべれば、こちらの気待ちはすむかもしれないが、「はァ、さよか」と、それだけで済ませる司馬先生ではない。例によって、お茶だ、食事だと先生をわずらわし、私がもっとも恐れる「先生の貴重な時間をかすめ取る」ことになる。行ってはいけない。礼を失することでお叱《しか》りをいただいても、先生の邪魔をするよりはマシではないか。

私は、単行本『忍ばずの女』と、黄色いバラの花束に、私の感謝の気持ちを託した。

「〝忍ばずの女〟うれしく拝受いたしました。映画現場で働くスタッフさんが好きだという著者が、女優として、この人達のなかにノコノコと出てゆけない、というくだり、勢いのいい修辞を感じました。小生は戯曲のことがわかりませんが、こんどの作（こんどというのはアヤマリ、処女作ですね）成功しているように思います。「昭和六年春」に三輪車に乗った福子が、君鶴に〝ふうちゃんのお母ちゃーん〟とよぶくだり、いいですね。

文字のこと、フグの白子とよんでいただいてよろこんでいます。

安野さんの装釘《そうてい》がりっぱで、フグも人心地がついたような気になっています。

司馬生」

司馬先生の、東京の定宿はホテルオークラだった。お仕事の打ち合せや面会は静かなバーを利用なさり、お食事は手軽なコーヒー・ショップや地下の日本料理（山里）でおすませになっていた。

私の家からホテルオークラまでは歩いて十五分ほどなので、私もなにかとホテルオークラを利用することが多い。年に何度かはコーヒー・ショップや山里で、みどり夫人とお食事中の司馬先生をおみかけはしたけれど、テーブルまで押しかけての御挨拶《ごあいさつ》は御迷惑とエンリョして、司馬先生の銀髪をチラリと眺めるだけで「ああ、お元気でよかった」と安心していた。

二年ほど前の秋、コーヒー・ショップで女性雑誌の編集者たちとカキフライを食べていて、ふと横を見ると、二メートルと離れていないお隣りのテーブルで司馬御夫妻が、やはりカキフライを召上っていた。「あ、司馬先生!」と思うと同時に、私はバネ仕掛けのように飛び上った。

「これはこれは、しばらくでしたねえ。あ、お仕事?」

「はい、もう終って、カキフライ」

「僕たちもカキフライ。高峰サン、このあと、三十分ほど時間ありますかな」

「はい。次ぎの約束までちょうど三十分くらい」

「じゃ、一足さきにバーへ行って待ってますよ。コーヒーはあっちで、ね」

「はい。あとから伺います」

カキフライもそこそこに、薄暗いバーに駆けこんだ私は、久し振りに御夫妻におめにかかれた喜びで、なにをどうお話ししたかわからぬままに、三十分が過ぎた。

「高峰サン、つぎの約束はどこ?」

「文藝春秋の『ノーサイド』のインタビューです。あ、もう行かなくちゃ」

「じゃ、僕たちもそこまで……」

司馬御夫妻と私は広いロビーに出た。

振り向くと、司馬先生の姿がない。

「あら、どこへ行っちゃったのかしら?」

「煙草《たばこ》でも、買いに……」

「あの人はね、ときどき理解に苦しむ行動をする人なのよ……」

キョロキョロしていると、私の正面から、「ノーサイド」の編集者らしい二人の男性が近づいてきた、とおもったら今度は私の背後から、

「『ノーサイド』の方ですか?」

と、司馬先生が現れた。ビックリしたのはノーサイドである。なにゆえにここに司馬大先生が現れたのかがとっさに呑《の》みこめず、手に持った名刺を司馬先生に渡したものか、私に渡すべきか、と、棒立ちになったまま、声も出ない。

みどり夫人が笑い出した。

「いまね、偶然、高峰さんとお会いして、お喋《しゃべ》りをしてたんですよ」

「文藝春秋なら、知ってる顔かな? とおもって、あっちの方を探してたのよ僕……これからインタビューですってね。高峰サンを、よろしくネ」

司馬先生は、二人に頭を下げた。いや、私のために頭を下げてくださった。ありがたいことである。

「じゃあね、僕たち失礼するよ。高峰サン、またネ」

司馬先生は、私に軽くうなずいた。その温顔が、ストップ・モーションのように停止して、いまも私の眼の裏に貼りついている。

司馬先生のお元気な姿に接したのは、それが最後だった。

「週刊文春」二月二十九日号のグラビアに、びっしりと菜の花で囲まれた、司馬先生のお通夜《つや》の写真

が載っていた。

先生が逝《ゆ》かれてから、十日余りが経《た》っている。もう大丈夫（なにが大丈夫かわからないが）と思ったとたんに、鼻の奥がツーンと痛くなり、眼の中が熱くなって涙が溢《あふ》れだした。メソメソはビショビショとなり、ワアワアとなってとめどのない号泣となった。

「ところで、司馬先生はいま、どこにいられるのですか？　菜の花は、来年も、さ来年も咲きます。来年の菜の花は、どちらへお届けしたらいいのでしょう」

（『文藝春秋臨時増刊　司馬遼太郎の世界』一九九六年五月）

私のご贔屓・沢木耕太郎

私は沢木耕太郎作品の愛読者の一人である。

以前の、ノンフィクション『深夜特急』の六部作なんかあんまり夢中になりすぎて顔がムクんじゃったほどだった。が、彼はケチで、出しおしみをするせいか、ヒョイヒョイと気軽に文章を書かない。

私は出版社の、三人の編集者にきいてみた。

「ねぇ、沢木さんてどんな人？」

〝ひと言で言って爽やか。そして美男子です〟

〝文章そのまま、会って気分のいい人ですよ〟

〝男好き、って言いかたはヘンだけど……やっぱり、男好きのする好男子ですなぁ〟

その後、一度だけ沢木さんに会ったことがあるが、第一印象はやはり「爽やかな人」だった。私がテレビ局のＣＭのスポンサーなら、早速〝スカッと爽やか耕太郎〟と登場してもらいたい、とおもった。

その沢木さんが、重すぎる腰をあげて長編小説を書いた。ついに小説家に変身か、待ってました！


（『週刊文春』二〇〇一年一月十八日）

映画についての雑談 I

対話者＝**志賀直哉**

志賀　きょうはたいへんだったでしょう、こんな雨で……。
高峰　いい所ですねえ。海、いいなア。あたし、こういう所、大好き。
志賀　こないだ熱海であなたの映画を見てるときに呼出されてね。中戸川（吉二）君に今日の対話の事を頼まれた。何ていったかね、星よ……何とか……。
高峰　ええ、「愛よ星と共に」です。
志賀　ああ、そうだった。それから今度小津君の「月は上りぬ」を撮るんだって？　もうあれは決ったの？
高峰　いいえ、まだお話ないんです。
志賀　あれのシナリオを見せてもらったけどね、あの中の主人公の「せつ子」という役は、あなたが一番いいと思ったね。それで小津君が来たときにその話をしたら、小津君もそのつもりでいるんだって言ってたな。全然話がないの？
高峰　非公式な話はあったんですけど。先生は小津先生と？

志賀　ああ、何べんか会ってる。こないだも、あれについて何か気のついたところを注意してくれっていうんで、すこし言ったけどね。あなた、あれは読んで見たの？
高峰　ええ、シナリオだけ読みました。
志賀　やっぱり奈良に永年住んでたから、ちょっと注意したいこともあるにはあるんだ。一番初めは禅寺で座禅の稽古をしてる所から始まるんだけどね、それは奈良にも禅寺は全然ないことはないけども、非常に少いんだね。あれなんかも奈良の人に言わせると、ちょっとおかしいね。それから、これは詰らんことだけども、月の晩に公園で会おうなんていう会話があるね、公園だって広いからね、公園のどこということを指定しなきゃ……。東京の公園だってそういうものだけども。――そのあなたにさせたいという役は、ちょっと面白い役じゃないかな。やりようによればね。
高峰　あたし、小津先生のものに一ぺん出していただきたいと前から思っていたんですけど。
志賀　あなたは小津君の映画に出たことないの。
高峰　ちいさい時は出たことがあるかも知れませんけど。
志賀　そう？　会社が違うから。
高峰　あ、「東京の合唱《コーラス》」というのに出ました。今から十五年くらい前です。
志賀　もう一つ、これも小津君に言ったことだけど、あなたは子供の時から出てるでしょう。そうするとね、あの役はあとで安井という男と夫婦《いっしょ》になる。ところが、その安井という人間がやっぱり幼《ちい》さな時分からの「せつ子」を知ってるわけだからね、ちょっと楽屋落ちにはなるかも知れないけど、僕はあれを佐野周二か何かでそれを生かしたら面白いと思ってね。あなた、佐野君の映画に子役で出たことあるの？
高峰　いいえ、佐野さんとは……。わたくし十三の時に「新道《しんどう》」を撮って、すぐ東宝へゆきましたから。

志賀　そう？　――あれは最後のほうのラブシーンなどは甘たるくならんようにするといいね。「せつ子」には「真夏の夜の夢」のパック的なものがあるし、そういう勘どころをちゃんと摑んで、色々工夫すると面白い役になるだろうと思うね。

高峰　ええ、とても面白いと思うんです。

志賀　いま、何か撮ってる？

高峰　野上弥生子さんの「真知子」をやってます。

志賀　あれは僕は読んでないんだ。ずいぶん長い小説だね。

高峰　先生は映画をたくさんごらんになりますか。

志賀　そうたくさんは見ないね。熱海に三軒あるからね、そこへたまにいって見る。

高峰　先生、……わたくしの映画は……。

志賀　「馬」なんか見たし、「綴方教室」は見たような気もするけど、ハッキリ記憶にないんだ……。「馬」は確かに見た。あれは今出しても面白いと思うな。しまいをちょっと直してね。軍馬が出征するんだから、今はちょっといけないだろう、直さないとね。

高峰　お嬢さんはどんな映画を……。

志賀　高峰さんのをずいぶんたくさん見てるだろう。

令嬢　でも、そんなには……。

志賀　そんなに見ないかね。「馬」なんか、お前、見たかい。

令嬢　ええ。

志賀　大分幼《ちい》さい時だね。――あれは仕舞いを競馬か何かのことに直せばいいだろう。

高峰　ええ。ですけど、あたしの弟や妹になった子供が、もう大人になっちゃって……。

志賀　僕はあの映画を見て、古い事を想い出して随筆を書いた。昔赤城へいっていて放牧の馬を見て、馬というものは情愛が深いものだと思ったね。はぐれた馬の親仔が両方で呼び合ってて、やっと会うと両方で匂いを嗅いでみてハッキリ判ると、両方ともポンポン跳んで喜んでるね。あの映画も子供を探す親馬が出てくるだろう。それで古い事を憶い出した。その後、梅若六郎の「木賊《とくさ》」という親子の会う、あれを見た時も感じたね。子供が幼《ちい》さい時分に攫《さら》われて、信州かどこかで木賊を刈ってる爺さんの所へ旅僧に連れられてやってくる。それが親父でね、それが判った時に、やっぱり馬が仔馬と会った時に喜ぶようなことをするんだね。人間の表情にはないことなんだけど、非常に喜んだ表情が表現されてて、面白いと思ったね。――あの映画はやっぱり盛岡のほうへいって撮ったの？

高峰　ええ、一年半くらいの間に四季に参りました。でも、映画の中では一匹の馬が仔を生むだけだけど、実際は馬が違うので困ったんです。

志賀　小さなあなたが深い雪を掘って馬のために草を採って来たり、するところがあった。あの映画はよかったね。

高峰　先生、向うの女優さんでいいとお思いになるのは……。

志賀　そうね、誰ということもないね。やっぱり評判のいい人はいいと思うけど。まあほんとの楽しみで見るほうだし、一つは子供たちが好きだから、それに引かれて見るんでね、やっぱり若い時と違って子供が非常に面白がると自分も面白いような気がしてくるものだね。中には、そうでない場合もあって、こないだ「旅路の果て」を見て僕は非常に面白いと思ったんだけど、子供は要領を得ずに帰ったようだ。そのあと見たのは何だっけ。あれの方を面白がっていた。つまり分るから。

令嬢　「第七のヴェール」。

高峰　あれは詰らないわ。ひとり呑込みのような……。

志賀　そうね。医者が何だか思わせぶりで一人で分ったような顔をしてるからね。今は映画をつくるのも、大変な金がかかるだろうね。「馬」なんか、今つくったら大変だろう。

高峰　ええ、こないだもその話が出たんですけど、あれは二千万円くらいかかるっていうんです。百人くらいでロケーションにゆくと、宿屋だけで一日に十万円もかかっちゃうそうですから。

志賀　今じゃ米なんかも買わなきゃならないだろうからな。

高峰　そうなんです。「富士山頂」っていうのを撮りに富士山へ今も皆さんいってるんですけど、大変らしいです。

志賀　冬の富士山じゃ、金だけじゃなくて、登るのが大変だね。だけど、どうなのかな、金をかけなくても面白い映画というのは出来るんじゃないかしら。

高峰　さあ……（笑）。

志賀　僕はやりようによったら出来ると思うね。その代り多少小品みたようなものになるかも知れないけど。――あなたはもう何年？　一番初めから。

高峰　十七年か十八年になります。

志賀　田中絹代なんかと同じくらいかな。

高峰　いいえ、田中さんよりはちょっと遅いんです。でも、そんなに長い人っていないから。

志賀　一番初めは何ていうの。

高峰　「母」です、鶴見祐輔さんの……。募集があった時に、うちの母と父が面白がって連れてったんです。それからズルズルと女優になっちゃって……。

志賀　しかし、余程身体が丈夫でないと出来ないだろうね。

高峰　ええ、夏なんか一番……。
志賀　ああ、照らされるのか……。
高峰　ええ。――先生のお書きになったもので映画になったのは。
志賀　あのね、僕は自分の小説をやられるとね、どうしても形の違った、崩れたものにされちゃうからね。――そのつもりで書くんならいいけど、僕はシナリオなぞ出来ないからね。映画にするのも芝居にするのも僕は断ることにしてるんだ。どうしても崩されてね。例の「金色夜叉」なんていうのは、いま原作で知ってる人は少ないだろうと思う。みんな新派の芝居で知ってるんでね。
高峰　あ、「赤西蠣太」は先生のですね。
志賀　あれはね、自分自身でそんなに執着のないものでね、元々講談にあった話から書いたものだし、ちっとも気にも何にもならない。僕のはあれ一つだ。
高峰　先生のお書きになったもので、あたしに出来るようなものはないでしょうか。
志賀　そうね。あんまり考えたこともないけどね。
高峰　あたし、男だったら「小僧の神様」の小僧をやりたいと思って……。ずいぶん前からあの小僧をやったらって思ってました。小津さんなんかだったら、ああいう感じは……。
志賀　そうね、あの人はいいね。
高峰　「小僧の神様」はやりたいな。でも、先生はやっぱり映画にすることはお嫌いなんですね。
志賀　何しろ崩されちゃうのが敵わないね。
高峰　「小僧の神様」なら崩さないで出来ると思いますけど。
志賀　ひまがあれば書いてもいいんだ、別にね。
高峰　小僧がリヤカーを曳いて、うしろからついてくでしょ、あそこがどうしても目に浮ぶの。いいと思うけど……。

志賀　シナリオというのは、僕は小津君の「月は上りぬ」を読んだんだけどね、あれなんか殆ど小説みたいだね。みんなああなのかね。

高峰　ええ。ほんとに撮影の時に使うシナリオとなると、また違いますけど。

志賀　こないだ谷崎君が言ってたけども、永井荷風さんがシナリオを書いたんだってね。それを谷崎君が預っているとかで、こないだ谷崎君と一緒にここに来た古川緑波君がその話を聴いて、大変乗り気になっていた。――これは話が違うけども、今の映画は、殊に日本のはあんまり低い大衆ばかり狙ってるために、低調なものになってるようだね。やっぱり一つの企業なんだから、それは無視は出来ないけどね、どこまでも迎合する気にならないで、少しずつでも大衆を引上げてゆく……。そうかといって遊離して、お客と離れちゃうといけないけど、少しずつでも引上げるようにしないと、映画というものは発達しないね。

高峰　先生は「失われた週末」の御感想をお書きになりましたね。

志賀　そう、だけど、あの映画もおしまいが安直過ぎるね。いかに酒から逃れられないで苦しむかということを、非常にくどくやってて、あれだけでポッとおしまいにしちゃうのは、ね……。「第七のヴエール」だってそうなんだ。

高峰　後味が悪くて……。

志賀　ああいうものは、途中の破綻というものはまだいいけど、おしまいに破綻があると、前がみんな駄目になる。

高峰　ダメになっちゃいますね。

志賀　うん、そう。だから、おしまいというのはしっかり作っておかないとね、おしまいが一番大切だな。おしまいさえしっかり出来てりゃいいけど。「心の旅路」だっておしまいがあんまり安直過ぎる。鍵なんか持って大変長いこと拘泥《こだわ》ってて、しまいにあれで一ぺんに片がついてね。第一、あれは大切な所のセットだのにひどく安っぽいセットだったね。

高峰　「ガス燈」はいかがでした。

志賀　あれはほかの人がやっても或る程度いいんじゃないかとも思うけど、とにかく、あの何とかいう女優……。

高峰　バーグマン。

志賀　あれと、相手のボワイエ、あの役者は嫌いではないから、いいと思ったけど、もう少しやりようがあるな。話そのものは、病的なものだからね。ロンドン塔か何かでダイヤモンドを見て、ちょっと思い入れをする程度だけど、宝石類なんぞに対するヘンな執着、ああいうものをもう少し強く出すといいと思うね。

高峰　日本人にはああいうことはよく判らないと思うんですけど。

志賀　そうね、宝石というのは向うの人の感情だね、ああいうことは。

高峰　先生、日本映画に対する御希望は。

志賀　いま街には浮浪児がいたり何かするね、実際に。だけども、あれをもう一ぺん映画で繰返して見せられるのは嫌だな。「素晴らしき日曜日」なんかもそうだけど、「戦争と平和」もそうだったね。ああいうのはどうも……。もう少し愉快なものが見たいね。実生活でいろいろ見てる嫌なものを、また繰返して見せられるのは、どうもね。

記者　それでは写真をひとつ。

高峰　うわあ（手を曲げたり伸したりして）固くなっちゃうな。

志賀　何？　なぜ固くなったの？
高峰　あたし、崇拝する先生にお目にかかれると思ったら、もう昨日からワクワクしちゃって。
志賀　ふーん（微笑）。
記者　高峰さんは昨夜眠れなかったそうですから。
志賀　そりゃア大変だ。
高峰　嬉しくって、嬉しくって……。
志賀　あなたは写真とられるの平気だろうけど、こっちこそ素人だから固くなっちゃうよ（笑）。

（『オール讀物』一九四八年五月）

映画についての雑談 II

対話者＝**谷崎潤一郎**

高峰 さっき志賀先生に伺ったんですけど、永井荷風先生のお書きになったシナリオを先生がお持ちになっていらっしゃるっていう……。
谷崎 あ、あれね。音楽映画みたいなものなんですよ。作曲をうまくしなきゃいかんだろうな。
高峰 すぐ映画に出来ますか。
谷崎 出来るでしょうがね、ただ浅草が大分出てくるんだ、戦争前のね。だから、今もう焼けちゃってるから、いくらセットでやるっていっても、ちょっと具合が悪いだろうな。
高峰 先生のものは最近ずいぶん映画化されますね。
谷崎 話は大分あるね。
高峰 そういう時に先生はいろいろ注文を出されますか。
谷崎 いやア、僕ア面倒くさいんでね、脚本を見せてくれれば、まあ、何か言いますけどね、映画も芝居も、演出だの舞台稽古の時に出てゆくっていうのは、なるべく御免蒙ってるんです。嫌だから。
――でも、映画に対しては、自分がプロデュースするということは出来ないけども、映画向きのストーリーを作ってみたいという興味は持ってるね。

高峰 まあ。それじゃ、ぜひ先生、あたしに向くようなのを。

谷崎 興味はあるんだけども、今ちょっと億劫でね、それをやる気にはなかなかならない。

高峰 ぜひ、先生……。

谷崎 その気になれば、ね。

高峰 いま「痴人の愛」をやるという話があるんですけど、むずかしくって。

谷崎 でも、あんたには向いてるな。今の女優さんの中ではね。尤も僕はニュウフェイスは知らんけれども。

高峰 「細雪」も話があったんです。

谷崎 あれは映画にはなかなかむずかしいだろう。新劇のほうにそんな話があるそうだけど、芝居は映画よりもっとむずかしいだろうと思うな。

高峰 先生のもので今まで映画になってるのは……。「春琴抄」ですね。

谷崎 「春琴抄」と「盲目物語」、それから「お艶殺し」が二度なってる。それから「本牧夜話」、そんなところだな。

高峰 あたし「本牧夜話」なんて映画、知らないわ（笑）。最近の日本映画ではどんなものが印象に残ってらっしゃいますか。

谷崎 印象に残ってるのは、そうだな、あんまりないいな。西洋ものでも、僕はそんなにいいと思ったのはない、――あ、家内が帰って来ましたよ。

高峰 お邪魔いたしております。

夫人 降りますところを、どうも。

記者　では、写真をひとつ撮らせていただきます。
谷崎　親子三人の記念撮影みたいだね。
夫人　そんなこと……。
谷崎　こないだうちはロケーションの連中が熱海へ大分来てたな。
夫人　緑波さんと水戸光子さんが遊びにおいでになって、恋愛論で賑かでしたわ。
谷崎　今あなたは何か撮ってるんですか。
高峰　「真知子」です。「痴人の愛」を七月八月に……。
谷崎　二ケ月くらいで撮れちゃうの。そんなに早く？
高峰　いいえ、もっと長くかかるんでしょうけど。――服装なんか変った面白いことが出来そうで、とても楽しみにしてるんです。始まる頃になったら、またズウズウしく伺いに上ります。
谷崎　ああ、どうぞ。
高峰　先生は最近のスリーラー映画っていうのをごらんになりますか。
谷崎　見ないな。ただ一つだけ見た。「ガス燈」だけ。
高峰　「春琴抄」はむずかしいでしょうね。あたし、自信ないな。
谷崎　あれは田中絹代が割りによかった。
高峰　ええ、とてもよかった……。先生は京都にいらっしゃる時は、お芝居をよくごらんになりますか。
谷崎　見ないんですよ。京都へは新劇は来ないし、大阪へは何によらず行くのが嫌でね。歌舞伎も菊五郎でも来れば見にゆくけども、あんまり行かないな。文楽も京都へ来れば一日くらい、それもごくいい所だけ。お能はまあ一番見ますがね、それと上方の舞いの会は見ます。舞いも東京のは嫌いなんだけど……。そんなものですね。だから見るものが一番淋しいんだ。あとは上方の生活で満足してるんだけど、見るものだけは東京のほうがいいな、やっぱり。

高峰 新京極なんかへは、いらっしゃいますか?

谷崎 僕はイカモノなんぞもずいぶん好きなんだけど、京極のはお寒い気がして、見る気にならんな。浅草のはいいけどね。今度東京へいった時も、ずいぶん見たな。

高峰 どんな所です。

谷崎 帝都座ショウも見たし、常盤座もいった。

夫人 初めてでしょう。

谷崎 ああ、初めてだね。

高峰 「肉体の門」なんて……。

谷崎 あれは見ない。見たいと言ったんだけども、見ない。だけど、「肉体の門」に似た芝居をやってますよ、常盤座で。

高峰 奥さまは映画をよくごらんになりますか。

夫人 ええ、もう始終……。

谷崎 家内はしょっちゅう見にゆくんだ。

高峰 先生は洋画ではどんなのがお好きですか。

谷崎 僕はやっぱりヨーロッパのもののほうが好きですよ。フランスでもドイツでもね。あんたなんぞどうです。女の人はどっちがいいのかな。——女優さんはアメリカの人とヨーロッパの人と、どっちがいいんですか。

高峰 女優さんとしてはフランスの人のほうが日本人に近い——というとヘンですけど似てるような

気がして、何か採れるものが多いんです。アメリカの女優さんは、あんまり歯切れが好過ぎて追っつけないんです。先生のごひいきの女優さんは？

谷崎　さあ、ねえ。――ドイツのヘンニー・ボルテンス（一九一〇年代から二〇年代に活躍した女優）、これはきれいだったな。今はもう大変な婆アだろうけど。

高峰　でも、外国では四十、五十になっても平気なようですね。

谷崎　そうね。こないだ「心の旅路」を見てね。ロナルド・コールマンていうのは、若い時は実に気障で嫌な奴だと思ったけど、今度見たら渋く落着いて来てるね。ああなってくると悪くないな。――ボルテンスみたいな、ああいうきれいな、神々しいような女優はいないな。

高峰　今だったらガルボみたいな人ですか。

谷崎　違うな。

夫人　マドンナのような型の人でしたね。

高峰　アメリカ映画で印象に残ってるのは何でしょう。

谷崎　アメリカ映画は見てて面白いし、実際何も忘れちまう。見てる間はね。だけど、あとに残るというようなのは、やっぱりないな。ドイツ映画の「オセロ」だったかな、これはいい映画だった。「カリガリ博士」も今だに頭へ残ってる。

高峰　あたしの知らない映画ばかりで……。

夫人　そうでしょうねえ。もう何年ぐらいおやりになっていらっしゃる？

高峰　六つの時から今までですから。

夫人　じゃ、ずいぶん……。

高峰　もう十八年くらい……。

谷崎　あんまり聞くと年が判っちゃって、まずいな（笑）。僕はあなたの舞台を見たな。エノケンと共演した……。

高峰　ええ、「桃太郎」。あれも四年くらい前でしょう。

夫人　もっと前でしょう。戦争中ですもの。

谷崎　探偵小説の映画化はむずかしいものだろうな。シャーロック・ホームズのものを二、三見たけど、実にまずいと思ったね。こんなバカな作り方をしてるんじゃダメだと思ったな。こないだ「湖中の女」、あれ見たな。わざとあんなことをすれば判りにくくなるけど、あれは愚なものだ、実にバカバカしい。

夫人　「凱旋門」は試写ございましたか。

高峰　まだ入らないんです。あれは楽しみですね。

夫人　御本を読んだ時に、もう映画になった場面が判るような気がして……。

谷崎　「風と共に去りぬ」なんか、来ないかな。この頃のテクニカラーっていうのは、どのくらい進歩してるのか。僕はたった一つニュース映画みたいなものしか見てないから知らないんですがね。

高峰　「風と共に去りぬ」で兵隊が死んでゆく所があるんですけど、青い色になって死んじゃうんです。あれは気もち悪くなるくらいですね。ピストルを射つと顔にあたって血が飛んでパッと赤くなっちゃったり、あれもよくないと思いますけど。

谷崎　日本の自然の風景なんか、うまく色が出るかしら。

高峰　こないだコダカラーで撮ったんですけど、あたし和服で出て、とてもきれいに撮れてました。赤なんかいいんです。でも、水干のような中間色みたいな色がよく出れば、もっときれいでしょうね。

谷崎　王朝ものなんか、いいだろうな。

高峰　現代のものはダメでしょう。ロシアの「石の花」はきれいでしたね。でも、天然色って疲れますね。色がきつ過ぎて、とても疲れるわ。

谷崎　あなた、お住いは東京？

高峰　撮影所のすぐそばです。世田ケ谷、成城町です。

夫人　うちの娘がよく知ってますわ。うちで映画について一番詳しいの。――恵美子さん、こっちへいらっしゃい。

谷崎潤一郎と。

（令嬢出席）

谷崎 歌舞伎なんか見ますか。好きですか。

高峰 見ます。好きなんですけど、でも、判らないんです。中途だけやるんですもの、あれがどんなふうになるのか判らないんです。

谷崎 ああ、断片的のものはね、それは判らないのが当り前だから。

高峰 ですから、所作っていうんですか、太郎冠者なんか出てくる、ああいうのが好きです。

谷崎 役者は誰が好きです。

高峰 菊五郎です。こないだ、忠臣蔵を通しで見てて、お焼香の所で驚いちゃったんです。隣にいた母さんに、四十何人、みんなお焼香するのッていったら、そんなバカなことありませんよッて言われちゃったけど……。

夫人 あのお焼香の場はちょっと退屈しましたね。

高峰 それで肝心の討入りがあるかと思って楽しみにしていたら……。

谷崎 討入りは大して面白くない。

高峰 でも、チャンバラがあるんでしょ？（笑）

夫人 こないだ妹の主人が進駐軍の方にお見せしたところが、勘平の腹切りがありますね、どうしても判らないっていうんです。どうして留めないのか。それに死んでからどうしてあんなに長く口がけるのか……そういうんですって。

高峰 ほんとにそうですわね。

谷崎 自分の映画は見ますか。

高峰 試写で必ず見ます。その前にも部分的にすぐ写して見るんです。

谷崎　初めは気味悪かった？

高峰　あたし六つの時でしたから……。でも六つの時のことを憶えてるわ。あたしが墨を摺ってて、バチャンて墨を跳ばすんです。あたし、そんなことするのいやだって、どうしてもやらないの。それを助監督さんがわざとやらせようとしたので怒っちゃったんです。それが試写の時に写ってるんでしょう、また怒っちゃったんです。

谷崎　それ、何の映画？

高峰　鶴見祐輔さんの「母」です。

谷崎　へーえ、「母」ってそんなに古い映画かね。

高峰　川田芳子さん、それから島田（嘉七）さん……。

谷崎　川田芳子、武田正憲は、今お定（阿部定）と一座してるそうだな。

高峰　まあ、どうしたのかしら。片一方、栗島（すみ子）さんのほうはチャンとしてるのに。

谷崎　あれは成功しちゃったね。

高峰　歌舞伎のほうの若い方、青年歌舞伎っていうんですか、あれは大阪にもあるんですか。

谷崎　そう、東京のほうがズッといいな。何といってもやっぱり菊五郎の息の掛ってるのが一番いいんですね。菊五郎でも吉右衛門でも、ね。大阪はどうも……。梅玉なんかも東京で菊五郎と一座するようになってから人気が出たんでね。

夫人　東京で評判がよくなって、大阪はそれに従ってよくなったんです。

谷崎　結局、歌舞伎は将来小さくなって東京だけになっちまうな。菊五郎、吉右衛門なき後は、ね。

高峰　どうもありがとうございました。

（『オール讀物』一九四八年五月）

老人とロカビリー

対話者＝**深沢七郎**

高峰　いま、なにお仕事してらっしゃるの？
深沢　いまちょっと休んでるんです。行詰まって。
高峰　早いですねェ。テンポが。どっちが本職か知らないけれどもギターのほうは？
深沢　全然やりません。家ではひいていますが……このごろはね、小説書くというのは、何のために書くのかしらと思っちゃった。なにか最近、ドラマチックなことを書くのがバカバカしくなったんですよ。だから地味になっちゃった。
高峰　ひねくり回すのがいやなのね。
深沢　いい傾向ですか、少し利口になったのか。
高峰　しらばっくれているから、どこまで本当なんだか……（笑）。
深沢　いつでもいわれるけれども、しらばっくれているのとは少し違うと思う。
高峰　私、第一印象がしらばっくれていると思っちゃった（笑）。こっちがヒネているのね（笑）。
深沢　そんな人間じゃないですよ。ぼくはそう思っていない。要するにのんき過ぎるというんですかね。

高峰　この間、家へあそびにいらした時、ギターひいていらっしゃったでしょう。松山（善三氏）が「いいもんだなあ、あの一生懸命の顔」って（笑）。

深沢　ギターひくときは違った顔するといわれます。

高峰　「楢山節考」書いてから舞台にお出になって足がガタガタふるえたっておっしゃってたけど、……それもしらばっくれかもしれないけれども、それでやめちゃったんですか。

深沢　一度、小説を書いてから初めて舞台に出たら、上がっちゃったですね。

高峰　本職じゃないことをしているような、裸にされたような気がするんじゃないですか。

深沢　なんだかとても、胸がドキドキしちゃった。そのあと夜みんなと銀座の裏なんかのキャバレーなんか出ていたんですよ。こんど「楢山節考」と「ぼく」という名が出ちゃうでしょう。そうするとお客さんがハイボールすすめてくれたりしましてね。「本物じゃないよ」なんていわれちゃった。だからいやな気がしちゃって。それから出て行くのがいやになっちゃった。

高峰　サブタイトルがついちゃったのね。カッコで「楢山節考」という。

深沢　ただ普通に出してくれればいいけれども……。

高峰　いいお年をしてそんなことおっしゃっちゃしようがないな（笑）。深沢さん、お酒は全然だめなのね。いつから？

深沢　私はじん臓が悪いといわれたのが三年くらい前。いろんな病気があるんです。糖尿病……。

高峰　小説を書く病気もある（笑）。

深沢　このごろ少しはいいですね。あれは食ジ療法ですから、ご飯なんかやたらに食べない。前はロッ間神経痛だったけど、なおったらこんどは座骨神経痛。

高峰　この夏は変にむしむししたでしょう。

深沢　高峰さんはぼくがちっちゃいときから見ていた人ですね。映画で。このぐらい（手でテーブルの高さぐらいのところを示す）のときかな、そのときぼくが中学生ぐらいかな、中学生ぐらいのとき、八つか九つだったのかなあ。「綴方教室」あれはいつごろですか。

高峰　あれは私が十五ぐらい、「馬」が十七歳、十八歳くらい。

深沢　なんだか乙女のころよりもっときれいになったような気がする。

高峰　アラ、いやだわ。

深沢　そんな感じがする。

高峰　きれいなころは戦争だったのよ。楽しく遊んだことはなかったし、きれいの頂上のときはなかったの、いきなり坂道ころげ落ちて花の盛りは戦争よ（笑）。

いま行詰まって、結局どうなさるおつもり？　どっちのほうが一生懸命。

深沢　気が向いたら小説も書くというふうに……。

高峰　ギターもひくし……お芝居は？

深沢　芝居やりたいと思っている。

何だか何のために小説書くのかしらと思っちゃった。何か「楢山節考」のときに思いがけなくもうかった。もうけ物だという感じです。

高峰　でも、いままではわりに文士とか、ほかの世界の人たちとあんまりおつき合いはなかったわけでしょう。突然何ていうのかしら、そういうことが激しくなっちゃったんじゃないですか。ご自分のいままでの生活と全然違う社会というか……。

深沢　最初、たいへんなことだなあと思ったけれども、いま考えれば、いい夢見た。これからは何のために書くのかしらと思っちゃった。あきやすいんです。昔から何やっても……。
高峰　ギターだけは別？
深沢　ええ、ギターだけは。

舞台の脇役から小説の世界へ

深沢　映画の仕事をやっていると、ますますおもしろくなりますか。
高峰　（ちょっと間）なりませんね。
深沢　そうすると前より情熱が薄れてくるのですか。
高峰　じゃなくて、際限なくむずかしくて、苦しくなってゆく一方です。おもしろいなんてないですよ。おもしろいのはできあがったとき。できあがったときはおもしろいわ。それは、解放感ですね。それが楽しみで仕事をしている。
深沢　でも三十年もやっていたら、うまくなるでしょうね。
高峰　そうはいかないですよ。年数がたてばというものじゃないですよ。深沢さんはどっちの世界がいい？　といっても小説のほうと舞台でお客さまの顔をみて反響をみて仕事するのとに限られちゃうけど……。
深沢　よく考えれば両方とも同じですね。ぼくは舞台へ出たときなんか、自分がうまくやろうという気が全然なかった。たいがい、ぼくは脇役でしょう。歌うたいについたときは歌うたいが主役ですからね。踊りのときは踊りが主役ですから。たいがいぼくらのひくのは何かの添えもの、ミュージックホールなんかのときはギターひくのが背景で道具の一つです。
高峰　突然主役になっちゃったという感じですね。それも伴奏がないのね、全然。伴奏は雑音ばかりじゃないですか。

深沢　舞台のほうが楽しいですね。やっている間は……小説のほうはやっぱり家で書いているときおもしろいもの書いていなくても楽しく書かないとつまんないじゃないですかね。このごろ筆が進まなくなっちゃったというのはおもしろくないからです。何かふん張っちゃって、うまいものが書けるのじゃないかと思って、それで書けないんだからおかしなもんですね。

高峰　余技というかしら、いたずら書きのような絵でも描いて、チャーチル会のようなところへはいって、自分のささやかな秘密よ、あわれな秘密よね。それを雑誌屋の人がきてカメラ持ってくっついてこられたんでは描けない、これも商売の一部になりますからね。そうなら息苦しいだけでしまいにはチャーチル会でご飯たべるんじゃないから、やめちゃおう……あばかれるような感じのものがあるんですね。自分のあったためていた楽しいものが裸にされて、メス入れられて解剖されて、それで自分の思っていることと違う批評をする人もある。

深沢　何か自分の書いているのを人に見られるのはいやだな。だからだれかに見られるから焼いてしまったものがずいぶんあります。

　もっともみんな焼いたわけじゃありません。よく、書いて仕上げなくて、そのまま別のを書く。それをまた仕上げなくて別のものを書いたりしますからね。書いてない原稿用紙もはいっていますから、仕上げたのは焼いちゃったですね。いつかこの続きを書こうなんていうのが残っています。

高峰　書くことが楽しかったのね。でも、未完ばかりじゃ死にでもしなければね（笑）。文四（文士）じゃなくて文五（文豪）にならなければ。一つ違いだけれど（笑）。大した違い。

深沢　若いときのものといまのではずいぶん違いますね。よく考えれば、かなり前から書いていた。二十ぐらいかな、もっと前からかな。映画は焼くわけにはいかない。

高峰　出ちゃったら最後だから……。

深沢　ぼくは舞台の人というのは、とても演技というもので一生懸命やって、映画の人はたいがい、若いような人が主役になるでしょう。だから映画の人が、顔しかめたり、泣いたり、笑ったりして金とろうという、そういう商売の人をあんまり尊敬していなかった。なにか、年寄りの人の演技は、この人は演技で金をとるというつもりでやっているんだなあと思う。舞台の人もそういう感じがする。

でもこんど「楢山節考」の映画を見て、高橋貞二さん、あんなに一生懸命やっていて、いままで思っていたのは悪かったなあと思いました。

「笛吹川」撮影現場で。
右より木下惠介、深沢七郎、中央・高峰秀子。

老人のしわは生きてきた年輪

高峰　だいたい深沢さんはお年寄りが好きだったじゃないですか。

深沢　それを知らなかった。あの小説が出てから年寄りが好きだったということがわかったんです。

高峰　私なんか、年寄りなんて、むだみたいな……昔はそう思ったの。でもこのごろじゃあ、年とったということだけで、なんだか尊敬できるの。よく生きてきたんだなあ、かたわにもならずに、苦労があっても、死なずに生きてきたんだなあ、というだけで、しわの一つ一つが、やっぱり生きてきた年輪みたいね。別にえらい人じゃなくてもね。そういう気が出てきましたよ。自分が近づいてきたからかもしれない（笑）。

深沢　額のしわをみると、しわとしわのあいだになにか、苦労をしたものがかくれているなあと感ずる。だからまいっちゃうですよ。なにかこの人若いときから苦労したらしいけれども、しわとしわとのあいだに人に知られたくないものをかくしているのだなあと思う。だからかわいそう、同情という感じがありました。

高峰　私、養老院なんかに行ったらたまらないだろうと思うな。深沢さんは木目が好きでしょう？　年輪、ああいうものが好きなのは年寄りが好きじゃなくては絶対に好きになれない。感覚的には好きになれないでしょう。私なんか好きじゃない。まだ、マサの通っているゲタぐらいのものよね。そこまではわからないけれども、深沢さんの文章を見て年寄りが好きなんだなあと思った。

深沢　汽車に乗ったりして、年寄りが側にいると好きになっているんですよ。ご自分じゃ知らなくとも、おじいさん、おばあさんの年寄りを見ると、その人の若いときをスーッと想像しちゃう。正宗（白鳥）先生の顔を見たとき、なんだかこの先生の生まれたときはどんな顔していたんだろうと思っちゃう。

高峰　向こうはそんなことを思われているとは知らない（笑）。

深沢　正宗先生の顔を見ると赤ちゃんのときはこんなふうだったかしら、十七、八のときはこんなふう。五つ、六つのときはいたずら盛りだからこうだったろうとか……。

高峰　それじゃあ、おりんの若いときは理想の女性？

深沢　ぼくが？　理想の女性というか、ああいうところの村ですから……。

高峰　きらいな人じゃないでしょう。

深沢　映画のことといえば、この間感激しちゃったな。「若き獅子たち」近来になくよかった。「武器よさらば」もよかったけれども、それよりずっとよかった。それにこのごろいいと思ったのは「さまよう青春」。「若き獅子たち」、兵隊というのがとてもよく出ていました。あれ見たら、のされちゃったような感じがしました。
高峰　ところで若いものには興味お持ちじゃないですか。
深沢（つぶやくように）若いものに興味がない……いやそんなことないですね。ぼくは若いものを一回書いてみたい（笑）。この間書いて失敗しちゃった。若い人の無鉄砲さ、好きですね。
高峰（深沢氏に）何だか若いんだか、年寄りかわからないな。……いえ、あなたが……。
深沢　いろんなもの好きだからね。ロカビリーの歌が好きで、それで義太夫が好きだから……よくみんなにいわれますよ。ただ日本のロカビリーはみんなニセ物だと思っているんです。日劇のときはちょっと見ましたけれど……やっぱり一番聞いていいのは、ポール・アンカはなにかあんまり好きじゃない。プレスリーがすきです。ドン・コーネルも……。
高峰　ロカビリーは一回見ましたけど、たえられませんわ、肉体的に。

第二のキリスト誕生

深沢　へただから歌が……それに声が悪い。プレスリーの「さまよう青春」見たけれども、あの人のはああいうかっこうに若い人の力が出ている。あの〝振り〟は歌舞伎のそでを引っくり返したりするのより、もっと真実を持っていると思う。なにか芸というのではなくて、ナマぶつけられたような、偽りない、偽りということはないけれども、エネルギーのもだえですね。〝振り〟ですね。あれがロカビリーのかっこうじゃないですか。ただそれをまねて、やたらバタバタしたんじゃおかしくて……。
高峰　どっちかといえば、やかましかったですね。私は何か見に行って中途で出るということはないんです。どんなにおもしろくないものでも見た以上はやっている人に失礼だし、それが身についちゃった。だけれどもロカビリーだけはたえられなかった。肉体的に自分が弱くなって、ガンガン一時間やられたら頭がボーッとなって、おもしろくなかった。
深沢　ロカビリーというのは歌っているんじゃないですからね。プレスリーを例にあげると歌っているのでなくて、せりふとリズムというか、ものをいっているんですね。泣いている。
高峰　若い人がすごくそれに共鳴しちゃうのかしら。
深沢　とにかく精いっぱい。なんにも希望がないんだから……たとえば学校出て何の希望もないでしょう。そうするとやっぱり救いですね。あれがなかったら世の中がとてもさびしいじゃないですか。
高峰　キリストねえ。
深沢　だから救われているんじゃないかと思う。ああいうことで救われるならいいじゃないでしょうか。あれだけの力を持って救ってくれるというのはないんじゃないですか。スポーツもいいけれども、自分が歌わなくても、ひけなくとも聞いただけであんなに我を忘れますからね（笑）。
高峰　ネタなんか抜けちゃう。
深沢　やっぱりぼくは、昔イエス様が魅力があったというのは、死んだ人を生き返らしたり、つんぼとか、めくらを直したりしたからと思うんです。だけれども、いまはそんなことをいっても若い人に信じられないでしょう。だからいまの魅力のある人がイエス様だと思うんですけれども……それを説明不足でいったから、ちょっと恥かいちゃった。
高峰　好きな作家の作品は？
深沢　それは谷崎先生の「春琴抄」が一番好きだったですね。谷崎先生は「谷崎」という字を見ただけで、前から神様みたいな感じがした。それから芥川龍之介。
高峰　芥川さん、若いときにはすごく好きになりますね。それと太宰治。
深沢　太宰治は全然なんにも読んでいない。日本のじゃあ万葉が一番よかった。

高峰　どういうことに？

深沢　やっぱり言葉の美しさ。人麻呂はあんまり好きじゃない。あんまりきれい過ぎてね。ぼくは小説でお金がもうかったけれども、万葉の詩人というのはお金はこんなにもうかったはずはないと思いましたね（笑）。百にもならなかったでしょうね。僕はなんだか申しわけないような気がした（笑）。僕は「楢山節考」を書いてビックリしましたね。お金をたいへんくれて……それで一番先に思ったのは万葉の詩人はお金はこんなにもうからなかったろうなと思いました（笑）。だから自分ばかりうまい汁を吸ったという感じですね。

高峰　ずいぶん奥ゆかしい。

深沢　ぼくはあのころに生きている人間のような気がする（笑）。万葉が好きだといったのはそういう意味ですよ。古今なんかはテクニックがあっていやでしたね。万葉と比べるとずいぶん落ちているような気がしますね。（両者しばらく無言）

高峰　おかしいわね（笑）。

深沢　この前谷崎先生に会わしてくれたんですよ。そのときは「楢山節考」書いてよかったなあと思いました。お宅に遊びに行かしてもらった。どんなものかしらと思って書斎を見せていただいて、自分で満足というか、すっかりご機嫌になっちゃったですね。だから前の谷崎先生と別の先生のような感じがしましたね。お宅に行って玄関の前にたったら神社仏閣に参拝するような感じ（笑）。

高峰　ある意味で神社仏閣よね。

深沢　ぼくはそういうように思っちゃった。お宅なんかお城みたい。

高峰　会いたい人がいるというのはしあわせですね。

深沢　谷崎先生には会いたいと思っていなかった。というより会えると思っていなかったし、ただ遠くで富士山とかお城とかながめているつもりでいた、そこへ入って行っちゃったんだからビックリしますよ。会ってうれしいというより恐れ多い感じですね。

高峰　会いたい人に会えた時は、自分がこういう仕事をしているおかげで、そのときだけは自分の仕事をありがたく思いますね。幸田文先生に会ったらすてきだったし、前から好きだった。会いたい女の人がいたということはすごくしあわせだった。

深沢　ぼくは幸田先生にも会ったことはないけれども、写真で見てとても古くさい顔の人だと思った。それからだんだん見ているうちにとってもべっぴんに見えてきた。

高峰　谷崎先生のほかに会いたい人いる……。

深沢　万葉の額田大王（笑）。

高峰　これは困る。もっと身近なところでよ。

深沢　ぼくはバルドーというのは、「素直な悪女」見たとき、ああいう感情的な美しさというのを映画であれだけ出している。映画というものはこれまでに出すものかなと思った。だからあれに迷う男の気持とてもわかる（笑）。それだけのものを持っているですよね。悩ましさというか、魅力ですね。日本のは魅力じゃなくてきれいさを出しちゃう。で、あれだけの体のきれいさはないですね。グラマー女優なんて出ているけれども……。

高峰　谷崎先生の奥さんもきれいでしょう。

深沢　なにかおとなしいような物のいい方がきれいですね。顔の形も。谷崎先生の家の部屋から海を見るときれいですね。

高峰　年寄りの好きな人からバルドーが出るとはね（笑）。

深沢　ぼくはおもしろいものを書くのは適当じゃないですかね。ガッカリしちゃった。

高峰　バルドーみたいなのをお書きになったら（笑）。
深沢　きょうは堅い話だったですね。
高峰　堅くないでしょう。歯がなくってもだいじょうぶよ。
深沢　普通ならもっとふざけたものが出てくる。高峰さんの人徳ですね。
高峰　どうもありがと。

（『サンデー毎日』一九五八年十月十二日）

彼女は俺嫌いらしいよ

対話者＝**三島由紀夫**

「魅せられた女」と仏人

――　気軽に話題に入ってもらうために映画でもみてもらったんですが、どうです？「魅せられた女」〔公開邦題「裁きは終りぬ」〕は……。

三島　アンドレ・カイヤット監督のものはこの前「火の接吻」というのが来てるんだけど。

――　この映画は一九五〇年度ヴェニス国際映画祭でグラン・プリを授与された作品なので特に選んだんですが……。

三島　中々面白い作品だけどちょっと甘いような気がするな。

高峰　例えばネ、裁かれる女エルザ（クロード・ノリエ）が無罪だってことはみてるうちにはこちらには判っている。

三島　そう、それもあるね。もう少し渋いと期待してたんだが……。陪審員のそれぞれのエピソードのうちでは印刷工の家庭描写で、気狂いになっている子供のことを扱いながら、子供を画面に出さないとこなんかシャレてるね。

高峰　ああいうシャレたところはフランス映画でなきゃみられないところね。フランス映画っていわゆる美男美女というのは出ないわね。キャメラの故か人間味みたいなものは強くかんじるけど……。

三島　実際のフランス人もキタナイね。この映画にはフランス人の垢じみた汚なさがよく出ている。風呂なんか、ちっとも入らないんだから、女も男も鼻のわきに垢が出ているよ。

高峰　日本人が黒いシャツを着てるとちょっとキザみたいにみえるけど、フランス人が着るとちっとも気にならない。しゃれてるのかと思ったらあれはＹシャツの汚れをかくすために着てんだからね。半分は必要にせまられてってわけ。

三島　Ｙシャツのえりがキタナイのはフランス人だけじゃないかな。

高峰　エルザの恋人になったミシェル・オークレェルなんてちっとも美男じゃないね。陪審員の挿話に出て来るミシェル・コオドロン（ジャン・ドビュクール）もいやらしい頭のハゲかたさ。

三島　第一エルザという女、いいのかな。

高峰　よくないな。顔でいいのは印刷屋ジャン・リュク・フラヴィエになるジャン・Ｐ・グルニエだな。あの中村伸郎に似てるの……。

三島　陪審員の挿話の退役軍人テオドオル・アンドリウ（ノエル・ロックヴェル）一家の頑迷なプチブル生活は、フランス人にはよくある姿だね。フロオベルの書いたオメエ氏の極端な型だよ、日本人がフランス人と結婚してもやっぱりあの通りでなくとも全くの月並なプチブルになる実例を知ってるよ。いわゆるフランス的俗物の典型だね、何もフランスまで行って出世してそんなものになることはないんだけど。軍人の奥さんは日本人みたいだ。あの映画をみて鷗外の〝高瀬舟〟を思いだした。やっぱり安楽死のことを書いたものだけど、あれはいい小説だよ。

スターと大衆の心理

三島　ところで試写室で映画を見てると、おかしいところでもちっとも笑わない。試写族は気取るんかね。

高峰　私は映画はお客さんと一緒にみるのが好き。一緒にみる相手によって随分気分がちがうね。

――どんな相手とみると楽しいですか？

高峰　（話をそらして）わたしはすぐ泣いちゃうんだ、だから泣いてもいい相手でないとね。

三島　恋人なんかとみると気になってしようがないだろう。

高峰　だから一人でみちゃう。

三島　歌舞伎を外人と一緒にみるときなんかは、向うがどう思ってみてるかとても気になるね。僕が映画をみるのは気分転換なんだ。酒で駄目なときに効果があるね。ダニー・ケイのものみたいなのが好きなんだけど、試写の通知をちっとも呉れないんだ。「夏子の冒険」の北海道ロケのときの話なんだけどね、中村登監督にきいたんだけど、ファンのサイン攻めの予防にスタッフの部屋にサインお断りの札を出したんだって。ところがスターのほうへはうんと来てもスタッフのほうへは一人も来ない。きてくれたのはおばあさんがたった一人。これも孫にせがまれて主役女優のサインをたのみに来たんだって。中村さんはスタッフは一向もてないってこぼしていたよ。ところで、スターさんはロケで御乱行はするの？

高峰　しないわよ。

三島　ロケを通じて、ファンの女に一番もてたのはスターじゃなくほんの端役で靴みがきの役をやってた奴だったたってね。スターの方でも相手にしないんだろ。とっつきやすくてちょっと映画の臭いのするのがもてるんだろうね。

高峰　とっつきにくいのは人気がさがるというし、スターは大衆を離れてはいけないというけれど、スターが大衆を離れるんでなくて、大衆がスターからはなれるんだね。大衆の方でスターについて来てくれなきゃ困ると言いたいんだけど。俳優だっていつまでも、いつまでも同じ役ばかりじゃ嫌だ。生意気のようだけど良い仕事をしたい欲もあるしね。

三島　子供に機関車の玩具をもたせておくとくり返しくり返しやってあきない。大衆も同じでくり返しが好きなんだ。映画やオペレッタのテーマ・ミュージックなどもくり返しが多いけど、そういうのが通俗的な快感を与えるんだ。ところがスターという機関車は人間だから時には軌道を外れて横へ走ろうとする。ところが大衆は子供でもあり女性でもある。ツンとしている男がいいという大衆心理は一種の変態心理だね。人気はこの大衆のマゾヒスティックな心理をうまく利用することなんだ。それが商売上手のコツなんだなア。ハリウッドのデザイナーのはなしだけど、ハリウッドのスターがデザインを注文すると〝お前は何故そんなスカートをはくのか、そのみっともない上衣はなんだ、その下司っぽい色はどうだ、折角の顔と体が台無しじゃないか。それでもハリウッドのスターといえるか〟と女がワーッと泣きだすまでみそくそにやっつけるんだそうだ。するとデザイナーのいうことなら何でも聞くからどうか私のためにデザインしてくれと頼むんだそうだ。それが心理をつかむコツなんだな。

高峰　そうね。今マゾヒズムという言葉が出たけど、ジェームス・メイスンという人はとてもサディストみたいな気がするな。

三島　うん。中年のおばさんなんか大変な熱を上げてる人がいるよ。

高峰　わたしはオーソン・ウェルズが好きだ。女の人って母性的だから、ちょいとこわくても可愛げがあるのが好きだ。ウェルズにはそれがあるけどメイスンはちょっとも可愛気がないね。

恋愛と友情のあり方

——三島さん、この辺でちょっといろざんげでも聞かせてもらいましょうか。

三島　そいつは云えないね。商売にとっとかなきゃ。

高峰　男の人はね、みんないいとこもあるし、わるいとこもあるし……みんな冷静にみえちゃうんで中々恋愛出来ないんだ。私はアバタもエクボなんていう風にいかないんだよ。

三島　恋愛っていうやつはやっぱりスタンダールの言うように結晶作用だろうな。

高峰　暇もないよ。

——惚れられることはあるでしょう。

三島　相手がどこに惚れたのか、僕に惚れたのか僕にくっついている附帯的なものに惚れたのか判断に苦しむときがあるね。君なんかどう?

高峰　わたしは疑い深いんだよ。だからそんなことがあってもついつまらなくなっちゃう。ある男の人を好きだと思うと、その男が金持だったら金というものを取外してしまう、良い洋服を着てればこれもとっちゃう。という工合にその人のものをみんなはがしてみて、それでもその人が好きかどうかを考えてみる。そんなことをしているから間に合やしない（笑）。

三島　結局、男を客体としてみてるんだな。それがあんたの不幸だ。一番の不幸だよ。女というものは、シモオヌ・ド・ボーヴォアールの云うように、客体として育てられて、そこに幸福を見つけ出すように出来てるんだもの。

高峰　それがなかったら困るじゃないの。後でそんな筈じゃなかったと思ったってもう遅いもの。だから自分が用心深くなってるんだ。それで損してるけれど、だませないね。結局ウロウロしている間にもはや三十に間もなくなっちゃって、こうなったら結婚する人は同情か尊敬かどっちかになるのかな？　まさか新聞広告をして募集するわけにもいかないしね（笑）。

三島　案外だまされやすいんじゃないかな。

高峰　だまされてみてえな。わたしゃしつこいからね（笑）。

三島　女の心理で不可解なのにこういうことがあるんだ。ある奥さんが僕に言ったことなんだけど、わたしはあなたが好きなんだから、あなたもわたしを好きなことはまちがいないっていうんだ。

三島由紀夫と。

高峰　こちらも好感を持っていれば向うも持ってるんじゃないかしら……。

三島　そんなロジックってあるかしら……。人間のタイプで好ききらいはある程度宿命的に決っているんじゃないか。ハッキリいえば顔だね。小林秀雄氏なんて批評家はハッキリ言うからね。俺はおめえの顔が嫌だから嫌いだと。僕の場合はさっきの夫人とは逆だね。僕が向うを好きだから、向うは嫌いだろうと思うよ。カルメンのハバネラじゃないけど「こっちがお好きならむこうはお嫌い」だよ。それから恋愛でだますことは五分五分だよ。だって恋愛というものは錯誤であり、誤解であるんだから……。片方は良い方へ誤解してるし、片方は悪い方へ誤解している。君なんか

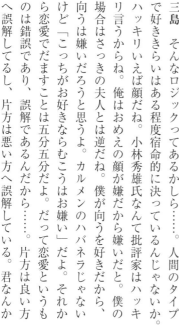

チャンスがありそうだがな。美男美女が沢山いるから……。

高峰　美男美女は商売だからね。

三島　あなた方が恋愛するとどういうことになるか面白いね。色々な役をやってるだけに、自分の恋愛に新鮮さはないだろう。自分が何だかわからなくなってしまう。どこまで芝居だか自分でもわからなくなる。

高峰　男と女で友情というものがあるかしら……。

三島　やっぱりないと思うね。利害相反するからね。

高峰　わたし長い間つき合っていても何でもなかった人が沢山いるんで、友情ってものがあるのかなアと思うことがある。

三島　相手が恋愛に陥る心配がないっていう安心の上に立ってるのが友情だよ。あんたのは、嚙みつかない犬を無意識に選んでるんだ。男同士の友情はお互いに主体性を尊重すべしという前提があるし、わかり合いがあるからね。女はすぐ客体になりたがるから……。

高峰　そんなのばかりじゃないぞ。おためし下さい……はははは、閑話休題だね。私はね、何んでも警戒しないで話す友達がないんだ。それでとっても寂しがりやなのよ。あんまり寂しいからヤケになってる、だからだまされてみたいなということになる。

三島　あんたなんか同性でも異性でも唯々諾々たる人を置いときたいんじゃないかな？　はははは。

高峰　おきたいわよ。中途半端なの嫌だからね。ははははは。

芸術と人間性に就て

三島　とにかく芸術家は人間冒瀆の職業だね、そうでないと成立しない。

高峰　そうだよ。長くやっているものじゃないね。私みたいにアサハカな奴はいたずらにコンランするばかりよ。俳優なんて人にすすめられない。

三島　僕は非人間的になれるかなれないかが芸術家としての勝負だと思ってるんだ。リラダンの小説にこういうはなしがある。ある名優がいるんだが、一生人の書いた感情ばかりで自分の人間としての感情が味わえなかった。何かやるとそれがお芝居にみえてしまう。とても人間になりたいと思うんだな。そこで悪いことでもすれば本当に自分で後悔するだろうと思って放火した。だけど無動機なのでどうしても捕えられない。燈台へ行った。そこでいくら待ってみても後悔しない。とうとう死んでしまう。彼自身が悔恨だということを知らなかったというオチなんだ。

高峰　わたしもそういうことを考えたことがある。

三島　放火？

高峰　そんな大変なものじゃない（笑）。何か痛い！　と神経の主軸がとびあがるようなことをやってみたいという気持。パリへ行ってもただ何となく行って帰って来ただけ……考えるとオッカナイからばけたまま行って帰ってきただけ。

三島　デコちゃんのパリ行きは結局人間になりたくて行ったのだろうね？

高峰　まあね、ちょっとキザだけどそんなところもあるわね。

三島　人間として大ものになるか、芸術家として大ものになるかどっちかだろうな。マチスはひどいケチで商売上手だそうだけど、画家として立派なことはそれとは関係がないからね。

高峰　マネージャーをやっている娘さんがケチなんじゃない？　フランス人て一体にしまりやね、日本人だけだって、勘定書をもらってパッと払うの、鷹揚なところみせるつもりかやけなのか、そのくせおなかン中じゃヒヤヒヤしてる……（笑）。

三島　料理屋で勘定書をもらって丹念に見ないのはパリジャンじゃないってね。日本人は勘定書なんかでケチをつけるのを恥しいと思っているからね。

高峰　三島さんは毛皮着た女の出るのが好きなんですって？　知ってるゾ。

三島　うん、毛皮と女性ってのは何かあるんだよ。ザッヘル・マゾッホの「毛皮を着たヴィーナス」というのは、裸の上に毛皮を着た貴婦人に鞭で打たれたいという筋の話だろ。それから、戦前、ある駐日大使館員が、裸の奥さんに毛皮を着せて亭主の寝ているベッドのまわりをただぐるぐるまわらせる、それだけで満足してしまうという外人がいた。奥さんのほうでとうとう怒って浮気をしちゃったって実話もあるんだ。

高峰　三島さんは人工的な女が好きでしょ。

三島　うん。

高峰　だからあたしも今日は無理して真珠の首飾りかなんかして来たんですよ。ふふん。この心情！（笑）三島さん、夏子（「夏子の冒険」）と美子（「にっぽん製」）とどっちの女が好き。

三島　美子のような女が好きだ。何だかちっともつかめない女に魅力がある。ちょっといいね。

高峰　結婚してもそんな女困っちゃうじゃない。だけど憧れてんのね。

三島　憧れてんだな。

映画、文楽のよさなど

高峰　三島さんの小説の挿絵には誰のものが合うと思う？

三島　猪熊〔弦一郎〕さんのものなんか合うんじゃないかな。だからよくお願いするんだけど……

高峰　三島さん、監督をやりたいとは思わない？

三島　やりたいね。歌右衛門を使って「オルフェ」みたいなものをやりたい。クローズ・アップを全然使わないで、歌舞伎のグロテスクな、不思議な様式的なものを映画に出してみたい。これは、小説の場合も同じなんだ、小さなコチコチした描写にこだわらず、ちゃんとしたかまえを持ったものが書きたいんだよ。
高峰　私が、そのいわゆる、コチコチ組でしょう、だから文楽でナギナタを振り回すとこなんか見るの大好きなんですよ。自分のコチコチに対するウップンがとれるんだ。
三島　文楽の人形には心理がないから美しい、心理のない人形がアクションをするんだからね。人間はアクションと心理が一緒になったときが一番美しいんだ。ヘミングウェイの「老人と海」なんか、そういう意味での典型だろうね。老人が魚を釣る話なんだけど……
高峰　あれが、家へ帰ったら骨だけ。

未完成のよさと女性

――最後にお互いの人物論みたいなものを。
三島　彼女は俺嫌いらしいよ。
高峰　好感持ってるよ。無理して真珠の首飾りしたりあっちこっちかけずりまわって、三島由紀夫って年幾つだって聞いたりしてさ。
三島　彼女のよさは天衣無縫なところだね。
高峰　そんなことないよ。
三島　まあまあ、お終いまで聞きなさい。今にひっくり返るから……（笑）。彼女の悲劇は憎らしいおばさんでなくって、可愛らしい妙齢の女性であり、しかも自分でよくそれを知っているということだよ。当然女としての客体から抜け切らないということ。彼女は自分が決して嫌な奴と思われないということを知っているし、又、利巧で決して人を傷付けない。こいつは彼女の自己限定だ。この自己限定をどういうように破るか？ 女優としてどういう方向に行くか？ これは楽しみだ。コクトオの〝怖るべき親達〟の中に出てくるおっかさんは母性のあわれさ女の中にある全部のものを出して叩きつけて、それでいて美しい。彼女は何十年後そんなところへ行くんじゃないかな。

高峰 どうにかなるだろうと思っている。ちっとも美しいとも妙齢の婦人だとも思わない。本当に怒ったり、物言ったりしたことないな。

――では高峰さん、三島論を……。

高峰 私は失礼ながら三島先生のよさは未完成のよさだと思ってるの。それなのにあなたは自分で今日私に会ったとたんに開口一番「オレは生意気は卒業した」っていったけど、それが三島さんの身上だと思う。私なんか生意気の落第生だよ。あははは。

三島 落第生なんてもんじゃねえんだ。大正ッ子だ！

高峰 やっぱり女って駄目だね。男に負けるわね。やっぱり男に生れた方がいいや。女代議士だなんていっても駄目！ 何々女史も駄目。

三島 女の人は外から自分を見る習慣をつけられていないからね。カガミはよくみるけど……（笑）

高峰 私なんかも、よく未完成のよさと云われるけど、どう完成させて良いのかわかりゃしないよ、よくわからないうちに駄目になっちゃうんだな。だから女はいやさ、だから女は恐妻会だなんて慰められることになっちゃうんだ（笑）。

――ではこの辺で……

（原題「閑話休題」『週刊サンケイ』一九五三年五月三十一日）

旅が教えてくれたこと

対話者＝**沢木耕太郎**

高峰　〝墜落〟の後遺症はどうですか？　もう治りましたか？

沢木　いえ、治りません。僕は身体が丈夫で、病気も怪我もしたことないんですが、今度ばかりは、まだ背中と肩が痛いです。

沢木氏は昨年〔二〇〇一年〕九月、テレビのドキュメンタリー番組を作るため、二ヵ月間ブラジルに行った。その際、アマゾンの熱帯雨林上空を双発のセスナ機で飛行中、墜落したのだ。セスナが落ちるとわかった瞬間、氏の口をついて出た言葉は「マジかよ！」——。死と向かい合ったブラジル行は、氏の近著『イルカと墜落』（文藝春秋刊）に詳しい。

沢木　僕は朝、目がさめるとパッと起きるという質《たち》なんですけど、あの墜落以来、その〝パッと起きる〟というのができなくなったんです。手を突いて、ヨッコイショという感じで起きる。今や、以前の自分は一体どうやって起きてたんだろうと考えてしまうくらいなんです。情けない感じです（笑）。

高峰　治療はなさってますか？

沢木　全然。

高峰　あのね、沢木さんが治療とかいうものが大嫌いだということは知ってます。だけどね、やっぱり痛いとこは治したほうがいいですね。

沢木　自然に治りませんかねぇ。打ち身ぐらい簡単に治るような気がして……。

高峰　だいたい、沢木さんは「痛い、痛い」って、そういうことをちょっと面白がる癖があるね。

沢木　うん、そう（笑）。

高峰　今日お目にかかったら是非言わなきゃと思ってたんだけど、面白がらないで、治して下さい。そうしないとね、ハタ迷惑です。誰が迷惑するかっていうと、家族が迷惑します。

沢木　しますよね（やや反省気味に）。

高峰　沢木さんが「面白ぇな、痛ぇや」とおっしゃっても、奥さんや子供さんは、一緒に痛いの。いえ、家族ばかりじゃなく、沢木さんに多かれ少なかれ好意を持っている人もみんな痛いのよ。うちの亭主（脚本家の松山善三氏）はね、とてもひ弱にできてて、ありとあらゆる病気をしたの。結婚後すぐ腎臓結核になったのに始まって、鼻の中にキノコが生えたり、ついこの間も目玉の裏側にモノもらいができちゃうし、もう〝疑惑のデパート〟ならぬ〝病気のデパート〟みたいな人で、しょっちゅう、あっちが痛ぇのこっちが痛ぇのって。そのたんびに、こっちもね、一緒に痛くて右往左往でくたびれちゃう。逆も同じですよ。一昨年、私はハワイのアパートで夜中にトイレに行こうとして、ベッドから滑り落ちてトンッと尻餅ついて、尾骶骨を打っちゃって、翌日から「イタタタッ」なんて、もう朝起きられないの、痛くて。二十日ほどで治りましたけど。でもそれを心配そうに見てる松山の様子は、こちらが気の毒になるくらい。つまり一緒に痛いんですよ、夫も。家族や夫婦というのはそういうもんでしょ。だから面白がってないで、病院に行ってちゃんと治すッ。

沢木　はい、わかりました（笑）。

〝やんちゃ坊主、母親に叱られる〟の図で始まった対談。話題はまず海外の旅へ――。

沢木　高峰さんが一番最初に外国にいらしたのは、一冊目のご著書『巴里ひとりある記』になった、あのパリが初めてですか？

高峰　そう。沢木さんが『深夜特急』の旅をしたのと同じ、二十六、七歳の時。人間って、人生という旅のある駅で、ふッと立ち止まる時ってあるでしょ？　女性ならさしずめお肌の曲がり角ってとこだし、男性なら今後の方針を決める、という。それが二十五、六歳って年頃なのね。沢木さんはリュック一つで外国へ飛び出したし、私はパリへ一人旅。

沢木　高峰さんも、心配でドキドキして、一人旅もなかなか悪くなかったでしょう？

高峰　いいえ、あれは一人旅なんて呑気なものじゃなく、文字通りの〝海外逃亡〟なんです。私は五歳の時から自分の意思とは関係なく女優という仕事をやって、恐ろしい養母や十数人の親戚の生活を全て引き受けてたから、心身ともにへたばっちゃって、とにかくそういうもの一切から解き放たれたい、半ばヤケクソ気味に日本から逃げ出したんです。

パリで初めて〝普通の生活〟

沢木　でも人気絶頂の当時に、よく日本を脱出できましたねぇ。

高峰　ちょうどカンヌ映画祭に戦後初めて東洋の女優が招待されるということで、それをチャッカリ利用させてもらったんです。でも映画祭で振り袖着てニッコリ挨拶なんてチャラチャラしたこと嫌いだから、いいや、振り袖だけ作って映画祭には出なきゃいいんだ、パリでしゃがんでりゃいいじゃないかと思ってね（笑）。

沢木　ハハハ。で、無事に七ヵ月もしゃがんでいられたわけですね？

高峰　そう。仏文学者の渡辺一夫先生がかつて下宿してらしたカルチェラタンのお宅を紹介して下さって。ソルボンヌ大学の教授の未亡人とそのお母様が住んでらっしゃるアパートの一室に。私はもういい大人でしたけど、向こうは子供が来たと思ったらしいの。女優だっていうことも言ってなかったし。だから動物園に連れていってくだすったり。そしてフランス語は「H」の発音がないでしょう、私の名前は「イデコ」になっちゃうのね。毎日、未亡人とお婆ちゃまに「イデコ、イデコ」って呼ばれて、イイダコみたい（笑）。

沢木　確か、日本を発つにあたって家を売っていかれたと高峰さんのご本で読みましたけど、滞在中の費用もそれで足りました？

高峰　当時は持ち出しの上限が二百ドルだったのかな、だからまずはそれだけ持って。でもそんなのすぐ無くなっちゃうから、映画祭に招《よ》んでくれたフランス映画社からどんどん借金ですよ。それを日本に帰ってから円で返すというズルいことをやりまして。

沢木　でも逃亡の旅だったにしても、いつも人に囲まれてる生活をしてた高峰さんにとっては面白かったでしょう、パリの生活は？

高峰　私、パリで生まれて初めて〝普通の生活〟をしたんです。恥ずかしいことに、それまでの私は一人で買い物したこともなきゃ、バスや地下鉄にも乗ったことがない〝普通じゃない〟生活をしてたものだから。パリは夏になると、だーれもいなくなっちゃうでしょ、バカンスで。私の下宿の未亡人とお婆ちゃまもバカンスに出かけちゃった。だから二ヵ月ぐらい全くの一人でいるうちに、風邪を引いちゃったんですよ。それで何日も熱出してベッドでうんうん唸ってたんだけど、熱が下がってくると、やっぱりお腹《なか》が空くわけ。それで仕方ないからベッドから這《は》い出して、一人でトコトコ市場に食べ物買いに行ったんです。下町の人は「コマンタレブー（ご機嫌いかがですか？）」なんて言わないで、いきなり「サババビアン（元気かい？）」なんですね。だからお行儀の悪い言葉ばっかり覚えて帰ってきちゃった。ちゃんとフランス語でも勉強すればよかったけど、腑抜けみたいな状態だったから、その元気もありませんでしたけどね。

沢木　それでも「これはいくら？」とか日常会話は覚えるじゃないですか。

高峰　一人で下宿にいるうち、部屋の隅にクモの巣が張ってきたの。だからクモの巣を箒《ほうき》で取らなきゃと思って、日仏辞典で「箒」を引いたら「バレ」だったから、「バレ、バレ」って言いながら雑貨屋へ買いに行って、長い箒を担いで帰ってくる時、さすがに可笑《おか》しくて一人でヘラヘラ笑っちゃった。そういうことが私には新鮮で面白かった。人間て、言葉が通じなくても口をきかなくても何とか暮らしていけるもんだと思いましたね（笑）。

沢木　それは面白いなぁ。だって、人は日常から離れて、ある意味で〝普通じゃない〟生活を求めて旅をするんだけど、高峰さんの場合は、逆に旅によって〝普通の生活〟が得られたわけですよね。

高峰　でも本当に面白いのは沢木さんの旅ですよ、『深夜特急』。私、あのシリーズのお陰で顔が浮腫《むく》んじゃいました。

沢木　えッ？（笑）

高峰　あんまり夢中になって、ずっと下向いて読んでたもんだから、顔がカボチャみたいに浮腫んでね。松山も読ませて頂いて言ってましたよ、「よくないなぁ、こんな面白いもの書いて。これで日本の若者は我も我もってみんなリュック背負って外国に行っちゃうんだろうなぁ。沢木さんみたいに利口ならいいけど、アホの若者がリュック背負っておんなじような旅ができると思うんだろうなぁ」って（笑）。

沢木　ハハハ。でも時々言われることがあるんです。例えば若い女性の編集者に会ったりすると、「私のカレもあの本読んで、行っちゃいました」って。そんなこと俺の責任じゃないと思うけど、一応「すみません」なんて謝るんですけどね（笑）。

　確かに〝責任〟はないが、一時期テレビでブレイクしたお笑いコンビ・猿岩石の無謀な旅も、番組の制作者が沢木氏の『深夜特急』に憧れて企画したのだ。つまりそれほどに、かの著が数多《あまた》の人々を旅に誘ったのは事実である。

高峰　でも女だったら、ああはいかない。男だからできた。それも賢明なる沢木耕太郎だからできた旅なんですけど、それにしても、ああやたらと怪しげな宿に泊まったり、得体の知れない人に付いて行ったり、ご自分で不安はなかったんですか？

沢木　きっとそこはね、一種の〝力量〟みたいなものがあって、危険なものを察知できるかどうかって、その人の力が関わってくるんでしょうね。危険な所に迷い込んじゃっても、そこから回復できる、引き返せるというのがその人の力じゃないですか。そういう自分の力を計りながら旅行してるんだと思うんですよね。その力の自分量をうまく見つけられない子たちが、危険な所に行って回復できなかったりするんだと思うんです。だから「一人旅はいいですよ」と勧める一つの理由は、誰かに助けられないで、自分一人で自分の実力を計りながら旅行できることなんです。そうやって一個一個確かめながら旅することで、少しずつ身の丈が高くなっていくような感じがあるんですね。
高峰　確かにそうですね。一人で旅をすると、キザな言い方だけど、自分でものが見えてきますよね。沢木さんが書いてらっしゃったけど、例えば、バスに乗って窓から綺麗な景色を見た時、誰かと一緒の旅だと、「綺麗だね」「うん、綺麗だ」で完結しちゃうけど、一人だとその綺麗だという思いが胸の内に静かに沈んでいって醸成されていくと。
沢木　そうですね。
高峰　沢木さんはそうやってご自分の目で見て、ご自分の耳で聞いた以外のことは書かないお方でしょう。そういう風に決めたのはどうして？　いつ頃から？
沢木　そうですねぇ……どうなんでしょう。僕が書いてるのはいわゆるノンフィクションというものなんですけど、僕がやり始めた頃は、はっきりしたスタイルが決まってなかったんです。だから自分なりにいろいろスタイルを考えながら書いていくしかなかったんだけど、そのうち、既成の書き方というのがあまり僕の肌に合わないという風に思い始めて、で、自分が心地よいものを選んでいくとそういうことになった。もちろん過去のことを調べる時に間接的な話を取り入れたりしますけど、その間接的な伝聞によるものでも、確かにこの人から聞いた、あるいは確かにこの人がそう思ったに違いないというようなことを大事にしようと思ったんです。
　まさに二十七か八ぐらいの時にはそういうことをギリギリ考えたんだけど、今はその辺がちょっと緩くなりましたね、気持ちが。今はもう少しゆったりした感じというか、そのことよりもっと大事なことがあるのかもしれないという風には思い始めてます。だから最近は外国に行っても、ボンヤリしてることが多くなってきました（笑）。
高峰　でも充電してる。

沢木　そんなこともないんですよ（笑）。

高峰　そうすると、『深夜特急』の旅から三十年、今もし同じルートを同じように旅しても、沢木さんはもう昔よりご自分の力量を知ってるから、当然振る舞いも違ってくる？

沢木　そう、全く違う。この間もね、ベトナムに行った時、ハノイの町で例によって安い定食屋さんのような所で一人でご飯を食べてたんです。御飯と汁物とおかず三種類ぐらいで、日本円なら何十円という感じの。そしたら、後でハノイ大学の学生だとわかった二人の女の子が隣で食べていて、僕に話しかけてくれたんです。「あなたはこれからどこへ行くのか。私達はハイフォンの出身なんだけど、ハイフォンに来る気があるか」って。僕はちょうど行こうと思ってたから、そういうと、「私達は明日からハイフォンに帰るので、来たら連絡をくれないか」って携帯電話の番号を教えてくれたの。今やベトナムの子も携帯電話持ってるんですね（笑）。で、僕は「どうもありがとう。もしハイフォンに行ったら訪ねていくね」と言ったんだけど、もし昔の僕だったら絶対訪ねていったと思うのね。そこで何かが始まるかもしれないし、始まらないかもしれないけど。でもその時、僕は「うーん、どうしようかなぁ」と思って、結局、行かなかったんです、ハイフォンには。考えちゃったんですよ、そのお嬢さん達の所に訪ねていって、向こうの親御さんがどういう気持がするだろうなと（笑）。それ思うと、なんか困ったなぁという感じがあって。これ、明らかに三十年の歳月の経過ですよね（笑）。

高峰　でも、三十年前には見えなかったことが、五十代の今だから見えてくるってことがあるでしょう？

沢木　そうあって欲しいけど、どうでしょうか……。でもその点はむしろ高峰さんに伺いたいんですけど、ハワイにおうちを持たれてもう三十年近いでしょう。毎年、夏と冬にご主人と一緒にハワイで二ヵ月ほど過ごされていて、同じ風景に違ったものが見えてくるんじゃないですか？

高峰　さあねぇ、あまり考えたこともない。私、鈍感だから。

必ず旅先で探すものは？

沢木　僕、いろんな所に行った中で、一番好きな場所がハワイなんですよ。

高峰　へぇー、意外だ。

沢木　だって考えてもみて下さいよ。ハワイってほんとに幸せな気分になれる場所だと思うんです。例えばどこかにアパートを借りて、午前中はハワイ大学の図書館で本を読んで、学食でお昼を食べて、その後は海岸で一、二時間泳ぐ。そしてアラモアナショッピングセンターで買い物をしてアパートでクッキングして、夜はちょっと酒を飲みに出て。理想的な一日じゃないですか。だから高峰さんがハワイの生活を随筆にお書きになってるのを読んで羨ましくて。ハワイで半ズボンはいてゴム草履《ぞうり》で歩いてるだけで幸せになれるという感じが、しません？

高峰　しません（笑）。

沢木　え、どうして？　海の風に吹かれて散歩するでしょう？

高峰　全然しない。

沢木　えぇーッ！　信じられない。

高峰　まぁ初めの頃は、ビショップ博物館でハワイの歴史を勉強したりあちこちへ見物にいったりしたけど、ハワイに家を持った一番の理由は、松山があそこに行くとたちどころに元気になるからなんです。毎日夕方になると、彼はビーチをトットトット早足で歩いて、溌剌として帰ってくるんですよね。だから二ヵ月ハワイにいると、身体の弱い夫が真っ黒に日焼けして元気になる。私としては大事なお宝亭主だから（笑）、少しでも長持ちしてもらわないと困る。だから行ってるだけのことでね。

沢木　ご主人と一緒に歩けばいいのに。
高峰　どうする？　歩いて。
沢木　ハハハ、どうするって（笑）。
高峰　私は夕日見たって、「フン、赤いや」と思うだけだし、海がありゃ、「海、ああ青いね」と思うだけだから、そういう人は付いていっても無駄だもん。水泳はブクだし、ゴルフは興味ないし、ひたすら台所でおかず作ってるだけ。
沢木　でもあそこに行くと元気になるっていう松山さんの気持ち、僕、すごくよくわかるなぁ。
高峰　沢木さんはとても行動的に、何でも突撃って感じでいろんな所にいらっしゃるけど、私は何にも興味がない女なの。と言うのは、五十年女優をやって、何百人もの女に化けて暮らしてきたでしょ、もうちょっとやそっとのことでビックリなんてしなくなっちゃった。
沢木　感動もしなくなった？
高峰　そうですね。だからギザのピラミッドを見たって、世の中広いんだからこんなデカイお墓ぐらいあって当たり前じゃないかって。松山なんか「ワー、ワー」って感激して三十分ぐらいグルグル見て回ってましたけど、私は車のドア開けたらラクダのウンチの匂いがしたから、ポンと閉めちゃって車の中で煙草吸ってました。なんか今日は「楽しい旅のお話を」ということなのに、私だとダメですね（笑）。
沢木　そんなことないですよ。可笑しいもん。僕はきっと松山さんと二人でルンルンていろんな所に行ってるんだろうなぁ、ハワイでも楽しいんだろうなと思ってたから、そうでもなかったらしいというのが、すごく可笑しい（笑）。だけど、僕なんかも若い時、与那国島に十日間いただけで、見るもの聞くもの面白くて、原稿用紙二百枚も書けたことがあったのに、今ならたとえ一年いたって二百枚なんて書けないですよ。高峰さんは、女優のお仕事でいろんな所にロケに行ってあらゆるものを見すぎちゃったというのもあるんでしょうか？　例えば高峰さんが十六歳から十七歳にかけて撮影した「馬」などは、盛岡の四季折々が映し出されているんですが。

高峰　これは私だけかもしれませんけど、撮影のためにどこか地方に逗留しても、ロケ先と旅館を往復するだけなんです。だから出来上がったフィルムを見て、「あら、山があったのか、あんな所に」なんて驚いたり。

沢木　ほんとですか？

高峰　そんなもんですよ。

沢木　じゃあ、あの「二十四の瞳」の小豆島とかいっても、あんまり風景的に記憶はない？

高峰　ない！　なんにもない。粗末な返事ですみません。

沢木　へぇー。じゃ、結婚してから行った旅というのは、もっぱらご主人が「行こうよ」ということでリードして？

高峰　そうですね。それに遊びのために行った旅というのはないんです。いつも何か仕事がらみですね。この間も十日ほど松山が京都の撮影所で仕事するから付いていったんですけど、私はずっとホテルの中にいるんです。

沢木　ホテルの中で何してるんですか？

高峰　本読んでます。

沢木　ハハハ。読書家だとは聞いてましたけど、そんなに本が好きですか？

高峰　読書といったって、全くの乱読で、それも最近はボケてきたから、読むそばから忘れちゃうけど、それでも読まないよりは読んだほうがいいと思うんです。少なくても読んでる瞬間は楽しいし、勉強にもなるし。だから、とにかくホテルに入ったら、すぐ本屋さんを探すんです。もちろん行く時も必ず文庫本を何冊か持っていきますけど。

沢木　僕も旅先で必ず書店を探しますけど、それは本を探すというより、一番気持ちよくボンヤリできる場所だからなんです。そしてボンヤリ本を眺めてるうちに、自分の書くもののタイトルが浮かんできたり、中身が固まったり。

高峰　やっぱり作家ってスゴイですね。今の沢木さんのお話で思い出したけど、司馬遼太郎先生とハワイに行ったことがあったの。でも司馬先生の興味っていうと、博物館と図書館くらいのものでしょう。サービスに困って、松山が「お一人の時間を作ってあげよう」って、ビーチチェアを担いで公園の大きな木の下に据えて、「私どもは二時間ばかり消えますから、ここにいらして下さい」って言ってね。だけど公園には鳥がたくさんいるでしょ、司馬先生は鳥がダメ。鳥だけじゃなく、太陽にも弱いし、エビ、カニも召し上がらない。

沢木　最も海辺に適さない人なんだ（笑）。

高峰　そうなの。で、私達が二時間後に買い物袋下げて戻ってみると、先生、「鳥が来たぁ」って情けない顔なさってね（笑）。ところが、そこが司馬遼太郎という人の凄いところで、「二時間一人にしてくれたんで、小説が一本できちゃった。題名まで決めたよ。『菜の花の沖』って言うんだ」って。初めは「僕、ハワイではラジオも聴かない、新聞も読まない。ただボーッと怠けてるんだ」なんておっしゃってたのに、ウソばっかり。

沢木　そうかぁ、凄いなぁ、そういうのは。

高峰　凄い！

沢木　やっぱり海である必要があったんだ、司馬さんにとっては。

旅を語るうち、二人は互いの中に、ある〝違い〟を発見した。

沢木　高峰さんがご主人と共著された『旅は道づれ』シリーズなどを読んでもわかるけど、高峰さんは国内外を問わず、決して僕が泊まるような汚い宿には泊まらないでしょう？（笑）

高峰　でもね、例えば映画のロケなんていうと、そうそういい宿屋ばっかりじゃないんですよ。二階に行く階段が斜めになっちゃってて、這って上がらなきゃいけないような旅館にも泊まったし。だいたいロケそのものが、夏に綿入れ着たり、真冬に半袖一枚で撮ったり、ひどい目にはいっぱい遭ってますからね。でも私はちゃんと居直っちゃうの。「ああそうかい。ならいいよ。寝巻もなくていいよ、土間に寝ちゃうから」って。そういうところもあるの。

一人旅のいいところは……

沢木　でも汚い旅館はイヤ？

高峰　そりゃあねぇ、自分で選ぶ時にわざわざ汚い宿は選びませんよ。あえて選ぶのは沢木さんでしょ、面白がって（笑）。

沢木　その通りです（笑）。

高峰　ただね、日本旅館の場合は、たとえ部屋が綺麗でも、よく変てこりんな物が置いてあるでしょ。床の間に変な布袋さんとか動物の剝製とか。トイレにホンコンフラワーとか。そういう物は、部屋に入るなり全部押入れに片付けちゃいます。ゴテゴテハデハデの灰皿まで。だから帰る時は大変ですよ、元通りにしなきゃいけないから（笑）。

沢木　ハハハ。高峰さんらしいな。僕なら、変な布袋さんがあったら、じっと見ちゃうと思うなぁ。何でこんなところに、こんな下らない物が置いてあるんだろうと思って。

高峰　私はダメ。我慢できない。

沢木　ご主人はどうなんです、変な布袋さんへの反応は？

高峰　ビックリして見てます。

沢木　見てますか、やっぱり（笑）。

高峰　それで私のすることをオヤオヤという顔して見てるけど、もう「そういう女なんだ」って諦めてるんでしょうね。だから沢木さんは松山と似てるところがありますよ。変な物でも寛大に受け入れる、優しいところが。

沢木　高峰さんは優しくない？

高峰　沢木さんと私は旅について対照的なのかもしれない。どんな汚い場所でも宿でも素直に順応する沢木さんと、自分の好みをガンとして変えない私と（笑）。それは人間に対してもそうなんじゃない？

沢木　そうかもしれませんね。僕はつまらない人に遇ったことがないっていうか、「どうしてこの人、こんなにつまらないんだろう？」って面白いと思うわけですよ。

高峰　ハハハ。じゃ、あの〝墜落〟の時のパイロットは、ご自分でもそう書いてらしたけど、珍しく否定的に捉えたんですね？

沢木　あ、それはそうですね。僕、滅多に人に対して「イヤだな」と思ったことないから。

高峰　でも、それ、よくわかります。これから自分が操縦する飛行機をチラとも見ない。それだけでもイヤですよ、私だって。

沢木　イヤですよねぇ。

高峰　そしてあのパイロットは謝らなかったっていうんですけど、ブラジルには「アイム・ソーリー」という言葉がないと。その代わりに「シント・ムイト」。

沢木　そう。「いっぱい考える」というのがあるらしいんですね。

高峰　あれ、私、気に入りましたね。「シント・ムイト」、「よく考える」。本当の意味は私にはわからないけど、なんかすごく広くて深くて、ちょっと曖昧で。日本語の「どうも、どうも」みたいで面白い。ただし日本語の「どうも」は曖昧なだけだけど。

沢木　そうですね。「よく考える」が「ごめんなさい」の代わりというのは、何か広くて深くて、ブラジルらしいですよね。

そして、〝対照的な〟二人は徐々に、今度は互いの類似点に思い至る。

高峰　さっき、沢木さんが、一人旅のいいところは自分の力量を計りながら成長できることだとおっしゃったけど、『深夜特急』の旅で沢木さんが受けた数々の親切というのはそのまま沢木さんの力量、つまりご自身の人柄がそうさせたんじゃないですか？

沢木　僕、よほど哀れに見えるらしいんです（笑）。

高峰　私は、沢木さんの作品を読んでいていつも感じるのは、品性なんです。これ、お世辞じゃないよ。『一瞬の夏』でも『檀』でも。特に『檀』。あれは檀一雄未亡人の心の旅。それを聞き出す時、沢木さんはぎりぎりまで質問するけど、ここから先は決して踏み込まないんだという、人としての品性が見える。だから夫人が「私、あんまり喋り過ぎて、なんか空っぽになっちゃった」、あそこは胸打たれますね。たいていあの種の本は一つか二つ厭味なところがあるものだけど、沢木さんの物には絶対ない。やっぱりサワキじゃなく、サワヤカ耕太郎の身上ですね。

沢木　いえ、そんな……。でも、もしそう思って下さるとすると、それは高峰さんのお書きになったものも同じですよね。例えば『私の梅原龍三郎』でも、川口松太郎さんを聞き書きされた『人情話松太郎』でも、ここから先へは入らないというある原則を立てて、それを破らないから、あれだけの方達に近い存在でいられたんじゃないですか？

高峰　私の場合は、先生方が偉すぎて、私は犬や猫のような存在だったと思うの。だから〝触らない存在〟として近くにいられたというか……。でもそういう先生方にお会いできたのは、嫌いだったと言いながら、やはり女優という仕事をしていたお陰で、その点では自分の仕事に感謝してますね。

沢木　不思議なんですけども、僕は高峰さんがお書きになるものを読んでいると、気性はわりと僕に近いんじゃないかなと思って読んでるところがちょっとあって。

高峰　私、沢木さんが旅でバスに乗る時、必ず最後部の席にお座りになるのを知って、あ、これはやっぱりただ者じゃないなと思ったんです。一番後ろに乗るということは、前が全部見えるわけですからね。

沢木　それはそうですね。

高峰　だからボンヤリしてるとおっしゃったけど、いたずらに目を開いてるわけじゃなく、じっと見たり聞いたりしてる。だからいい一人旅になるんだと思いますね。そして一人旅だから、知らない人から話しかけられたりして視野が広がっていくし。

沢木　でも唯一、一人旅で辛いのが食事する時なんです。一人だと美味しい物が食べられないじゃないですか。例えばレストランだって、外国は日本みたいにカウンターというシステムがないから、フランス料理屋だって一人で来られたら困るでしょう。高峰さんが一人でパリにいた時、どうでした？

高峰　そう言えば、そうね。ちょっと寂しいと言えば寂しかったかな。だけど、「ああ、寂しいなぁ」と思いながら、それでもいつかこの寂しさを〝懐かしい思い出〟にしたいと思ってました。クモの巣を取るためにバレを買いに行った時も、「私、一人でこんな所で何やってるんだろう」と思ったけど、これもいつかいい思い出になるんだ、そう思って我慢した。

沢木　それで、いい思い出になりました？

高峰　なりましたね。

沢木　うん、なりますよね。一人で旅行してる時、そう思うことありますよね。僕も、『深夜特急』の旅は何かを書いてやろうと思ってしたわけじゃないんですけど、二十二の時から書き始めてましたから、それ以降今に至るまで、書くことと無関係に行動することはないんです。だからああいう形でまとまるだろうという感じはなかったけど、いずれ、それこそ高峰さんがおっしゃったように「このことはいつか思い出すことになるだろう」、そして「いつか書くことになるんだろうな」という意識はありましたよね。

高峰　あれは旅から十年後にお書きになったわけですけど、それをまるで今日か昨日のことのようにお書きになれたのは、確か、何人かの方に旅先からたくさん手紙をお書きになっていたからだと聞きましたけど。

沢木　そうなんです。三人の人に行く先々から、合計で百通ぐらいでしょうか、手紙を書いて、それをみんなが保存しといてくれたんです。手紙は一生分書いちゃったというくらい書きました。今でも子供に、「そんなに書いたのに、字が上手くならなかったね」って言われるんですけども（笑）。それともう一つは、毎日の金銭出納帳ですね。今日は何を食べたか、バス代はいくらだったか。あとお金はいくら残ってる、それは大事だったから。それが行動の記録で、気持ちの記録が手紙だったんです。その二つを突き合わせると、ピタッと旅の記録になってたんですね。

高峰　手紙は航空用箋に？

沢木　そうです。航空用箋一枚にちっちゃい字で書くと、原稿用紙八枚分ぐらい書けるんです。ということは、全部で原稿用紙八百枚ぐらいですよね。高峰さんは旅先の記録というのは？

結婚は自由を縛るか？

高峰　私は、日記は書かないけれど、旅行の時だけちょっと書きます。この日は何をした、何を食べたとか、ごく簡単にね。それでもそんな手帳が四十冊ぐらいになってます。でも読んでみると、食べ物のことが一番多いの。

沢木　そうかぁ。その手帳も、きっと高峰さん特有の鋭い観察やユーモラスな表現がしてあるんでしょうね。

高峰　ごく簡単にしか書いてないですよ。でもそのそっけなさで食べ物のことばかり書いてあるから、読んでて可笑しかった。

沢木　そのそっけなさということも含めて、高峰さんが何事にも驚かなくなっちゃったというのは、一つには、幼い頃からすべてが向こうから無限にやって来たからじゃないんでしょうか？

高峰　そうかもしれない。

沢木　それにどう反応するか、あるいは拒絶するかということをずっとやってらっしゃったから、何事にも動じなくなったんでしょうね。

高峰　要は、ねじれちゃったんです（笑）。それはね、私の旅の始まりが、間違っちゃったからなんです。私は三歳半で実母を亡くして、養女になったんです。それで母が死んだ次の日に、養母に連れられて函館から東京の鶯谷という所に行ったんですけど、養母という人は、朝から晩まで言うんですよ、「私が本当のお母さんだよ。お母さんって言ってごらん」って。私、「このオバサン何言ってるんだ、〝マジかよ〟」って、それこそ（笑）。

沢木 マジかよって（笑）。

高峰 だって三歳半でも覚えてますよ、自分の母親が死んだこと。死に顔だって覚えてる、昨日のことなんだから。それなのに「私が本当のお母さんだ。お母さんと呼べ」って毎日責めたてるわけでしょう。それ以来、根性がねじれちゃって、なんにも信じられなくなっちゃった。だから人間の形成って六歳ぐらいで決まるっていうけど、ほんとですね。

沢木 その自分の中で固まったものは、それから変化しませんか？

高峰 しませんね。ねじれっ放し（笑）。

沢木 それは結婚によっても変化しませんでした？

高峰 あ、それはね、ずいぶん変化しました。あの人は信用してます、私。

沢木 旅の出発で主導権を自分以外の人に握られてしまった……。

高峰 それを今、取り戻してるんです。

沢木 うーん、なるほど。

高峰 私が〝食う〟ように本を読むのもそれですね。沢木さんがおっしゃったように、あらゆるものが向こうから来たけど、ただ一つ来なかったものが、読書や勉強だったから。

沢木 そうかぁ。単なる読書家というんじゃなく、もっと重いものが。

高峰 いいえ、そんな大袈裟なものじゃないの。要は、満足に小学校にも行けなかった、ろくに字も知らなかったという劣等感ですね。

沢木　劣等感をいい方に向けたと。そして結果的に三十冊近い著作をお書きになってるということは、書くことが嫌いじゃなかったわけですか、気がついてみたら？

高峰　五歳で松竹の蒲田撮影所という所に入ったんですけど、そこで『蒲田』というわりにちゃんとした雑誌が出てたんですよ。宣伝部からそこに撮影日記を書けと言われて、初めは宣伝部の人が代わりに書いてたんですけど、私はろくに字も書けないくせして生意気にも、これはあんまり面白くないなと思って、自分で書くようになったんです。書くと言ったって、最初は片仮名で「キョウハ、クリシマスミコセンセイトオシバイヲシマシタ」なんて稚拙なもの。その横に「ロイドのおじさん」なんて挿絵も描いたりしてね。

沢木　書いてみたら、イヤじゃなかった？

高峰　そうなんでしょうね。イヤだったらやめてたでしょうね。だから、手紙書くように綴り方みたいに書いてるうちに、抵抗なく書くことに入っていったんです。

沢木　高峰さんの言い方を借りれば、〝ねじれた〟旅の始まりが、高峰さんの文章を生んだんですね。

高峰　でも人は、ねじれないに越したことはないですよ。沢木さんみたいに、ちゃんとした人生で上等なものを書くほうがいい。

沢木　でも、わかりませんよ。僕にもひどくねじれたところがあって、それをなんとか隠し隠しして生きているのかもしれないですし。なんて〝ねじれ自慢〟をしてもしょうがないか（笑）。

人生の旅はさらに進み、遂には墓の話にまで及んで――。

高峰　人は生まれた時から終着駅に向かって旅を始めるわけですけど、人間には二人として同じ人がいなくて、旅路も二つとして同じ道はないわけでしょ。私はもう終着駅がすぐ傍《そば》だけど、沢木さんは今、旅の途中。沢木さんは、若い頃計画した通りに、人生の旅は進んでますか？

沢木　僕ね、人生の計画を立てたことが、まずないんです。だから今の質問にはうまく答えられないんだけど、僕は逆に、明日以外の計画を立てないで済むような人生を送りたいと思ってきたんです。だけど実際はそうもいかないから、せめて一ヵ月先ぐらいまでの予定を立てて、後は変更可能な人生を送りたいと願ってきた。だから「計画や予定を立ててその通りに生きていかなきゃいけない人生を送らない」という計画は実行できました。

僕は家でも車でも、モノを持つということについて全然興味がないから、洋服なんかも、もしこれ十年着ていいなら、十年同じ物を着てると思うんです、絶対に。そして今の仕事でも偶然やってるという感じがあるものですから、この仕事でこんな風に偉くなろうとか、傑作書こうというのもない。子供をこんな風に育てたいと思ったこともないし。ですからそういう自分の気持ちから言えば、ほぼ九割九分ぐらい、その通りにいってると思います。それはこれからも同じだと思うんですよね。

高峰　うーん、だから思い立ったら、どこでもすっ飛んで行っちゃうわけね。それも一人で。じゃ、なんで結婚したの？　自由でいたい人が。

沢木　あッ、そこが一番大きな問題だ（笑）。

高峰　何の計画もなしに結婚したんですか？　縛られたくない人が、なぜ結婚したの？

沢木　うーん……（笑）。

沢木氏、明らかに〝墜落〟以上の危機に陥り、〝母〟の鋭い指摘に、見る見る窮地に……。

沢木　確かに、言われてみれば、結婚なんてもっとも不自由になることですもんね。でも、一緒にいることが心地いい相手っているもんじゃないですか。それに、計画なんて何もなかったけど、結婚によって不自由になったという感じはあまりしないんです。

高峰さんは計画性を持って結婚なさったんですか？

高峰　しました（キッパリと）。

沢木　えッ、計画性があった？

高峰　ありました（もっとキッパリ）。

沢木　あの凄いお母様から離れるために？

高峰　ううん、違う。私は気がついたら映画界にいました。そのうちどんどんお金が取れるようになって、有象無象がいっぱい寄ってきちゃって、稼いでも稼いでもその人達が使っちゃって、私はもう疲労困憊してたんです。それでパリに逃亡してみたけどダメだった。そして居直った。ああそうかい、いいよ、やんなくちゃならないんだったらやろうじゃないかと。職人と割り切ってやりましょう、ただし三十歳まで。人畜無害な作品だけに出演して、エロ、グロ、ドンパチには出ない。そして三十になって目ぼしい人がいたら結婚して、今度はその人のために三十年、六十歳ね。それでお終い。六十まで奥さんを務めて、旦那が死んじゃったら——まだ生きてるけどね。生きててもらわなきゃ困るけど——そしたらあとの時間は読書三昧。ちゃんと計画通り、その通りやってます。

沢木　ワァ、それは意外だッ（笑）。でも考えてみると、だからなんですね。僕は高峰さんのものを何読んでもやっぱり思うのは、「それでもよかったよね、松山さんみたいな人がいて」ということなんですよね。だから逆に、松山さんと出逢ってなければ、どうなってるんだろうって。

高峰　きっとイヤぁなバアさんになってたと思いますよ。今でもイヤなバアさんだけど（笑）。いくら雑文みたいなもの書いても所詮は素人の綴り方で、結局は女優しかできないんだから、いまだに一族郎党にしがみつかれて、ヒーヒー言いながら女優をやってたでしょうねぇ。

沢木　じゃあ、それこそ松山さんとハワイで過ごすのは、たとえ海にも行かない風景も見ないとしても、心静かでしょう？

高峰　静かも何も、とにかくもう老衰でね。今は朝起きた時からくたびれてますから、ハワイだろうが日本だろうがおんなじ（笑）。

沢木　ハハハ。でも終着駅で思い出したんですが、この前のベトナムで、サイゴンからハノイまでバスで行った時、途中の小さな町に中国寺院があると聞いたんです。それで見にいこうと思ってブラブラ歩いてると、小学校二、三年ぐらいの賢そうな男の子が合掌するように手を合わせて近づいてきて、「行くのかい？」って感じで聞くんです。僕が身振り手振りで「うんうん、行くんだ、中国のお寺に」と言うと、「じゃ、案内してあげる」と先に歩きだしたんですね。しばらく行くと、突然その子が「お金を頂戴」と言うんです。僕、あんまりお金をあげるのは好きじゃないんだけど、こんなに遠くまで来てくれたんだから着いたらあげようと思ってたんです。でも途中で急に言われたもんだから、つい「ダメッ」って言っちゃったんです。そしたらその子が「じゃ、もういいもん」って感じで帰っちゃって、僕は何もない所にポツンと取り残されたんですね。

高峰　野っ原の真ん中？

沢木　うん、田んぼばっかりの所。それでどうしようと思ってたら、向こうからおじさんが歩いてきたので、さっきの男の子がしたように手を合わせて「ここはどこですか？」と聞くと、おじさんが「あっちだ」と指さすんです。だからとにかく田んぼの畦道をどんどん行ったの。すると今度は農婦のおばさんが二人来たから、また手を合わせて「ここはどこですか?」と。そしたらまた「あっちだ」と指さした、田んぼの方を。おかしいなぁ、田んぼしかないのになと思いながら、それでも言われた方角に歩いていくと、今度はバイクに乗ったおじさんが来て、その人にも聞くと、「後ろに乗れ」と。それでしばらくバイクでビューと行ったら、途中で「ここだ」と言うんですね。でもそこは畑で、アヒルのいるちょっとした沼があるだけなんですよ。でもおじさんは畑の向こうを指さすから、仕方なく行ってみると、狭い荒れ地があって、そこに石が積んであったの。それ、日本人の墓だったんです。

高峰　あらあら。

あと一枚のチケットの使い道

沢木　一六〇〇年代の初め、徳川幕府がキリシタンを禁止する前、そこに日本人町があったんですって。

高峰　へぇーッ。

沢木　そして日本人町が撤収された後もそこに残った日本人の一人のお墓だったんですね。僕が日本人だから、きっとそこにお墓参りに行くんだろうと思って、みんながそこを指さしてたらしいんです。

高峰　ハワイにも日本の移民の方のお墓がたくさんあるけど、全部、日本の方角を向いて立ってるんですね。それもわざわざ上等の御影石の墓石を日本から取り寄せたりして、日本の方角に向けて。

沢木　あッ、そのベトナムの墓も日本を向いてた。なんか切ないですね。でも僕はそのお墓は好きだったんです。僕は墓なんか要らないと思ってたけど、その花もないお墓は、ただ綺麗な稲穂に囲まれて、荒れ地にポツンと立ってる。こういうのだったら墓を持ってもいいなと思って。

高峰　私もアフガニスタンに行った時、見ましたけど、遊牧民がラクダ引っ張って歩いてて、誰かが死ねばその場に埋められるわけ。小さな石をポツンと置くだけで。あれもお墓ですよ。ピラミッドもお墓。虚しくなるね。

沢木　高峰さんは確か、かなり昔にご主人と二人の骨壺を作られたんでしょう？

高峰　そう。黒田辰秋さんに作って頂いたミカンくらいの大きさの。でも私もお墓は要らない。どこかの海へばらまいてくれればいい。松山も同じこと言ってました。

沢木　僕は旅先でバタッと行き倒れるのがいいなぁ。残された家族は面倒だろうけど、当人にとってはいいなぁと思う、すごく。

高峰　男の人は勝手ですねぇ。

沢木　あッ（笑）。

高峰　太宰（治）だってさ、自分のしたいことだけして死んじゃって。三島由紀夫だって、何が美学だ、あんなことして。残された者の身になって下さい、冗談じゃないですよ。いつもワリを食うのは女なんだから。

沢木　松山さんは勝手じゃないの？

高峰　あの人、そういう無責任なことしません。時々「もう充分生きたから、二人で一緒に死んじゃおうよ」なんて言うくらい、私のことも一緒に考えてくれてます。

沢木　ハハハ。

またまた旗色が悪くなり、苦笑しきりの沢木氏。そんな沢木氏から最後に面白い質問が出た。

沢木　この間、ある人と話をしたんですけど、もし人生で旅行をするチケットの数が決められていて、あと一枚しか残ってないとしたら、どこに行くか。死ぬまでに使える最後のチケット。

高峰　どこへ行くんですか？　沢木さんは。

沢木　実はね、そこで僕は考えたんですけど、まだその場所が見つかってないから、その場所を見つけるために、僕は今、旅行しているんだ、という答え方をしたんです（笑）。高峰さんならどこへ行きますか？

高峰　どこへも行きたくないの。

沢木　ハハハハ。

高峰　いつだったか、都内のホテルで宝石の展示会があったの。そこに行った時、会場に占いのサービスがあって、私、占ってもらったんです。そしたら私のことを知ってるんだか知らないんだかわからないけど、その四十がらみの男の占い師が言ったんです、「あなたは今日ここに来てらっしゃるけど、宝石なんか興味ない方です。あなたは生まれつき何も要らない人なんだ。深い穴掘って、その底のほうにジィーッとしゃがんでいたい人です」って。驚きました。当たってる。

沢木　へえー、面白いね。

高峰　それが私の一番したいことです。

沢木　そうかぁ。麻布永坂町一番地は〝穴〟だったんですね（笑）。

高峰　そう。その底で本読んでる（笑）。

沢木　でもいい番地ですね、きっぱりしてて。

高峰　例のパリから帰った第一作の「朝の波紋」という映画のロケで、ワンシーンだけ撮るために行った所だったんです。当時はまだ焼け跡で。そこがとても気に入って、聞けば「麻布永坂町一番地」でしょ。絶対ここと決めて、以来、今まで五十年以上住んでます。

沢木　住む場所といい旦那さんといい、二戦二勝というか、大当たりじゃないですか。この二つが大当たりだったら、あと多少の敗戦があったたって問題ないですよね。

高峰　だから今が一番幸せですよ。老衰でヨタヨタしてるけど。

沢木　でも今日とても意外だったのは、「ハワイにいたって日本にいたっておんなじよ」っていうのがね。ハワイでルンルンって感じだと思ってたから（笑）。

高峰　だから何見ても興味津々の沢木さんと、何見てもびっくりしない私（笑）。沢木さんは、もし一年間、一歩も東京から出ちゃいけないと言われたら、禁断症状が出るでしょ？

沢木　ところがそんなことないんです、全然。家から歩いて三十分くらいの所に仕事場があるんですけど、途中に公園があって、夏はその並木の緑を見ながら、冬なら枯れ木の間を歩いて通うんですけど、その綺麗な並木道だけあればいいんです。だから最後にこんなこと言うと、全部引っ繰り返っちゃうんだけど、実は僕もどうでもいいんですよ。実はあらゆることがどうでもいいと思ってるわけ。

高峰　でもまた近々どこかへいらっしゃるんでしょう？

沢木　はい、ソウルへ。ほんとは今年は少し日本に腰を落ちつけて仕事しようかなと思ったんですけど、サッカーのW杯が近づいてくると、やっぱりあれは世界中のお祭だから、腰が浮いちゃうんですね（笑）。それに韓国から日本を見てみたいという気持ちもあって。だからさっさとソウルに部屋を借りちゃったんです。

高峰　そしてサッカーが終わると？

沢木　夏はブラジルに行きます。

高峰　三度目ですね。くれぐれも「シントト・ムイト」で行って下さい。

沢木　はい、わかりました（笑）。

（『オール讀物』二〇〇二年六月）

私の文章修業

私は一昨年「私の渡世日記」という、やくざな文章を書いた。それが上下二冊の単行本として出版されてから、私は大勢の方たちからお手紙を頂戴した。その中には、「小学校も出ていないのに、なぜ文章が書けるのか?」「義務教育も受けていない人間が書いた文章とは信じられない」というような、「文章」そのものに関する手紙がたいへんに多かったのが意外に思えた。

手紙ばかりではなく、ゴーストライターがいたのだろう、とか、ダンナ（私の夫は松山善三という脚本家）に書いてもらったのだろう、と、テンから信じていた人もあったようで、将棋の升田幸三サンに至っては、私の顔を見るなり開口一番、「朝日もよく調べて書いとるなア」ときたのには、私はビックリするより先にガックリしたものである。

文と道づれ

「学校を出ていない人間が文章を書くことが、そんなに不思議なことなのか?」

と、私自身もあらためて考えてみたが、考えれば考えるほど、書けないほうが不思議なので、ほんとうはもう少しマシな文章が書けて当然ではないかしら？　と私は思うのである。なぜなら、学校こそ行かなかったけれど、物心ついたころから私の生きてきた道は、常に文章と道づれで歩いて来たようなものだったからである。

私は、数えの五歳から映画の子役になったが、当時はともかくとして、十歳のころからは自分が出演する映画の脚本は自分で読んだ。ごくあたりまえのことである。過去五十年間に、私の出演した映画その他の本数は約四百本。二十歳をすぎてからは自分で脚本を選べる立場になったから、読んで出演をキャンセルした脚本を足せば出演本数をはるかに上まわる勘定になる。

昭和三十年に私は結婚した。その翌年、主人が腎臓結核にかかり、医師に「机ベッタリ」の生活を禁じられたので、私が口述筆記を引き受ける羽目になり、あけてもくれても鉛筆片手に原稿用紙に向かうことになった。松山の書いた脚本は、映画、テレビ、舞台、ラジオを合わせれば、これも二百本や三百本ではきかない。私の下手クソな字で埋められた原稿用紙を積み上げれば、私の背丈の何倍にもなるだろう。そして二十余年が過ぎた。私の右手の中指はペンだこが固まって異様に太くなった。

シナリオ作家志望者は、まず師匠の脚本の口述筆記をすることから勉強をはじめる。十本、二十本、と筆記をしている内に、シナリオの書きかた、作劇法、構成力、などを自然に会得し、曲がりなりにも自分の脚本らしいものが書けるようになるのが普通で、何本書いてもダメな人は、つまり才能ゼロのノータリンということになる。もちろん、私はシナリオ作家志望者でもなく、勉強のつもりで筆記をしているわけでもなく、単なるおてつだいさんに過ぎないけれど、しかし「門前の小僧、習わぬ経……」というように、これだけ筆記の経験を積んでなお、雑文もロクに書けないほうが不思議なので、私もまた人後におちないノータリンということなのだろう。

私が子役として入社した映画会社は、現在《いま》の松竹映画の前身で、当時は国電の蒲田にあり「松竹キネマ蒲田撮影所」といった。そして「蒲田」という月刊映画雑誌を出版していた。私は、六、七歳のころから、その「蒲田」に、日記や落書きなどをイヤオウなく書かされていたのである。玩具のロイドのオジサンやお化けの絵、そしてカタカナの日記などが掲載された「蒲田」の切りぬきが、いまでも私の手もとに残っている。原稿料を貰った記憶はないけれど、オカッパ頭をひねりひねり、鉛筆をなめなめ、原稿用紙に向かっていた当時の私の姿が、まるで昨日のことのように思い出される。

どうやって文字を書くことを覚えたか？　ということについては「渡世日記」にも書いたが、私は、私のガッコノセンセイであった指田《さしだ》教師に深く感謝しなければならない。指田先生はガッコへイカレナイ私のために、いつも二、三冊の子供雑誌を抱えては、自分のほうから私の家を訪ねて下さったのである。私はそれらの本を、撮影所の子役部屋や地方ロケーションに行く汽車の中で、くりかえし、くりかえし、文章を読んでは絵を眺め、絵を眺めては文章を読み、指田先生のおかげであやうく文盲をまぬがれたのだった。

十二歳のとき、私は松竹から東宝映画に移ったが、ここでも「東宝」という月刊グラフ雑誌が出版されていて、私は宣伝部にこづかれて、せっせとロケーション日記や、撮影所風景を書かなければならなかった。私の読書好きも、このころから出発したらしく、少女のころには寸暇をさいて本にかじりつくようになった。書店に飛びこみ、やたらめったら本を買い、といっても貧乏だったから贅沢な月刊雑誌や単行本には手が出ず、もっぱら持ち歩きに便利で中味の濃そうな岩波文庫を選んだ。岩波文庫の星ひとつが、まだ二十銭だった頃のことである。

映画の撮影は断片的で落ちつかないので、大長編小説などを読み通すことはできないから、和洋を問わず随筆集や詩集や短編小説集ばかりを、歯が立たないものははじき飛ばして、読めるものだけ読む、という全くの乱読だった。

が、いずれにしても私の読んだ本の数など微々たるもので、日本人の平均読書時間がかりに一日一時間だとすれば、私はその百分の一にも満たないだろうと思う。

因果応報

私にとって、読書は唯一の楽しみだったが、同じ文章を読むといっても、映画の脚本を読むということになると、楽しみどころか苦しみに近い。まず心がまえが大きく違ってくる。第一「出演すれば出演料が貰えるけれど、出演しなければ一銭にもならない」という生活がかかっている。出演するのはたやすいが、さて断るとなると、それ相応な意見や断る理由をみつけなければならない。断れば憎まれるからその覚悟と勇気もいる、というわけで脚本の読みかたもいっそう慎重に、真剣になるというわけである。どのような作品を選んで出演するかは、自分の履歴書を一字一字埋めるのと同じくらいの重要さがある、と私は思っている。

私にとって、長い映画生活が子供のころからの習慣や馴れのまま、惰性で流れてきたように、文章を書く、ということもまた、他から強制されるままに馴れてしまった、ということではないか、と思う。

文章は、果たして、修業すれば上手く書けるものだろうか？　私は、その人間の生きかたと環境が書かせるものではないか、とおもう。なぜなら、物質、精神、共に裕福に生まれてきた人の文章にはおのずと大らかなゆとりが感じられ、人の顔色をうかがいながらシコシコケチケチと生きた人間の文章はつねに貧しくみみっちい。文章は人間そのものだ。たとえば、私が自分の拙ない文章にイヤ気がさして、もうちょっと上品な文章を、と気取ってみたところで、それはしょせん、他人の文章の猿マネで、自分自身は無ということになる。

因果応報とは、よく言ったものである。

（『週刊朝日』一九七八年一月十三日）

三つ子の魂百まで

私が子供のころ、はじめておぼえた新聞の名は「朝日新聞」であった。多分、私の家で朝日新聞をとっていたのだろう。それから何十年たったいまでもやはり「朝日新聞」をとっている。以前には、五紙も六紙も新聞をとっていたのだが、その大量の新聞をバサリバサリとめくるだけでも、朝夕、一時間以上ずつはかかってしまう。この時間をちぢめるためには、どうしたらよいのか、という悩みはつまり、新聞の数をへらせばよい。という至極簡単な方法で解決がついて、バッサリ三紙にへらした。しかし、その中にやはり「朝日新聞」ははいっていた。三つ子の魂百まで、である。

＊

その朝日新聞に、苦しめられ、うなされ、そして教えられたのは、半年間「きのうきょう」の執筆をしたときであった。あの私のちっぽけなコラムの陰には、竹中半兵衛ならぬ扇谷正造氏というおめつけ役がデデンとすわっていたのである。映画界のこと以外はなにひとつ知らぬ私が、おこがましくも「映画以外に毎回のテーマを選ぶ決心」をしたので苦しみは倍加した。

その私を文字通り叱咤激励し、あたかもフーテン病人につきそう名看護婦の如く、優しく愛してくれたのが、扇谷サンであった。心からありがたかった。私はこの半年間に、文章を書くことの重大さと、そして文章を書く要領といったものを、おぼろげながら感じとったのである。扇谷さんのおかげ、朝日新聞のおかげである。しかし、毎月曜日の朝、白いヘルメットをかぶった若者がオートバイで原稿を取りに来る、あのダダダーッという音がこよなく恐ろしかったのが今でも忘れられない。恐ろしくも、なつかしき思い出である。

先日、フランスから里帰りをした岸恵子さんに、「パリへとり寄せる週刊、雑誌はなにがいいかしら？」と聞かれて、「週刊朝日と朝日ジャーナル、そして太陽」と答えた。

私は今日まで朝日新聞社からお中元ひとつもらったわけでもないのに、と我れながら苦笑いが出た。朝日新聞よ、しっかりしないと化けて出ますぞ。

（『家庭と朝日新聞別冊』〈私と朝日〉一九七一年十月十五日）

口述筆記

木下作品『女の園』（昭和二十九年）の撮影中、二十九歳になった私は、チラチラと自分の将来について考えるようになった。

私は、なぜか少女のころから、三十歳になったら女優をやめよう、そして、いい男性に出会えたら結婚しよう、と思っていた。三十年を映画のために生き、三十年を夫になる人のために生きる。あとはどうなるか知らないが、老後は思いきり自分を甘やかして、怠けて遊んで、「ハイ、ご苦労さまでした」と言って死にたい、と思っていた。そして、もし結婚相手がいなかったら生涯ひとりでいるのも悪くない。その気持ちは二十九歳になっても変わらなかった。

が、独断と偏見に満ちて可愛気もなく、足し算引き算もできない。台所仕事といったらお茶ひとつ淹《い》れたこともない。おまけにお金はまったくない。当時の女優の中では最高の出演料をもらってはいたものの、その金はほとんどステージママのはしりだった養母や親族に吸いとられて、私は無一文に近かった。そんな悪条件の三十女を嫁さんにしてくれる男性が、果たしてこの世にいるものかしら？……。

そんなことを考えるようになったのは、私が長年の女優生活にそろそろ疲れてきた、ということだろう。子供のときから何十年も、火事場のような撮影現場で、エンドレスの競馬馬《けいばうま》のように走り続けてきたのだから無理もなかった。私にはもともと、女優には不可欠の変身願望がない。何の何子に化けることにも疲れ、人気スターなどというアブクのような名前に疲れ、一人で生きることにも疲れていた。

『女の園』がクランク・アップし、私は休む間もなく『二十四の瞳』の撮影に入った。小豆島の長期ロケーションでは、小学一年生が十二人、六年生に成長した十二人、都合二十四人の子供たちとの共演にふりまわされ、くたびれているヒマもなかった。

修学旅行のシーンの撮影で高松へ行ったとき、宿の廊下で私は木下監督に呼びとめられ、人気《ひとけ》のない食堂の片隅で向かいあった。

「秀ちゃん。松山クンとつきあってみない？　人物はボクが保証する。大スターの秀ちゃんにこんな話して、失礼かもしれないけど……」

松山クンは木下監督づきの助監督の一人である。木下監督にそう言われてから、私は意識して松山クンに注目するようになった。

男性のすべては「職場」に現れる。松山クンは骨身を惜しまずよく働き、誰にでも優しく親切だった。一言でいえば、宮沢賢治の「雨ニモマケズ、風ニモマケズ……」型の男性であった。年は私より一個下の二十八歳。青年というより、清廉な少年のように爽《さわ》やかで、私にはもったいないような人である。「やっぱり、私のほうが分《ぶ》が悪いなァ……」。そうは思いながらも、しなびた風船のようだった私の心が、少しずつやわらかくふくらんでくるのを感じていた。

昭和三十年の春。私は松山善三とささやかな結婚式を挙げた。が、松山のサラリーは一万二千五百円。月給日に五目ラーメンを食べるのが唯一のご馳走という亭主と、大飯喰らいの女房ではやっていけるはずがない。というわけで、女優廃業は当分の間おあずけになった。

「映画会社が私に出演料をくれるうちは、二人でそれを使いましょう。そのかわり、松山さんがお金を稼げるようになったら、私を養ってちょうだい。お金の話はこれでオシマイ」

「わかりました。そうします」

松山は助監督から脚本家に転向し、日がな一日、机にへばりついて猛勉強をはじめた。けれど、彼は「雨ニモ」「風ニモ」負けなかったが、「イツモ丈夫ナ体ヲモチ」ではいなかった。結婚一年めに腎臓結核でひっくり返り、東大病院入りという身になったのである。おまけに、ストレプトマイシン、パス、ヒドラジドのご厄介になるうちに、みるみる白髪のオジンに変身したのには、あまりモノに驚かない私もビックリした。

さて、ようやく手術をまぬがれて退院はしたものの、医師に「座業」を禁じられた彼は、机の前に座ることができなかった。

「ベッドの中で、喋るだけなら……つまり口述筆記ならいいんだって」

という病夫の言葉に、

「私でよかったら、筆記します」

とカッコよく答えたのが、思えば運のつき、というものだった。

松山は七年の間、木下監督の口述筆記をして脚本の勉強をした人である。その松山の口述筆記を、今度は私がやるようになるとは……因果はめぐるなんとやらで、独身時代には考えてもみなかったことだった。

とりあえず、私は鉛筆片手に原稿用紙に立ち向かった。私の字はまさに金釘流《かなくぎりゅう》である。辞書などという高級なモノは持ったことがなく、わからない字は新聞をガサゴソとひっくり返して探し出す、という粗末な筆記者である。ただし、映画歴は松山よりはるかに長く、脚本もたくさん読んでいるから、脚本の書き方のイロハから教わる必要はない。松山のベッド近くに机を据えた私は、スラスラというわけにはいかないが、モソモソという感じで、松山の言葉を原稿用紙にうつしはじめた。

口述筆記の作業は、はたから見るほどラクではない。アチラさんの頭の中にはすでに脚本ができ上がっているから、筆記の段階では一気呵成《いっきかせい》に喋り出す。なにしろ住みこみの筆記者で早出残業カンケイなし、しかもタダである。一日に四、五十枚ともなると、はじめのうちは原稿用紙の枡目《ますめ》を埋める字が大豆ほどの大きさだが、だんだん小さくなって小豆粒ほどになってくる。これはクタビレタという証拠である。アチラさんはペラペラ、コチラさんはダンマリ一方だからストレスもたまってくる。おまけに私はケチだから、高価な原稿用紙を一枚たりとも粗末にするに忍びない。一字書いては破り、二字書いてはペケなどはとんでもないことで、わからない字は抜かしておいて、あとで辞書で調べて字を入れていくから時間もかかる、という寸法になる。

松山の結核は二年がとこで退散し、ようやくベッドの生活から解放された彼は、ある日、喜々として外出していった。と思ったら、ドカベンのごとき紙包みを小わきに帰ってきて、「ハイ、プレゼント」と、私に差し出した。中から現れたのは、新村出編『広辞苑』であった。万事休す！

松山の仕事は年々増加して、脚本ばかりでなく、『名もなく貧しく美しく』（昭和三十六年）、『山河あり』（昭和三十七年）、『われ一粒の麦なれど』（昭和三十九年）と、演出もするようになり、アッという間に二十年が過ぎていった。

（『忍ばずの女』一九九四年）

シナリオと私

私が生まれてはじめて「シナリオ」というものを見たのは、映画の子役になった五歳のときである。まだ文字が読めなかったから、母が、シナリオの中の私の台詞《せりふ》だけを抜きだして口うつしに教えてくれるのを暗記するだけだった。けれど、その都度《つど》、母が開いているシナリオはイヤでも眼に入ったから、よくおぼえている。

焦茶色《こげちゃいろ》の表紙のシナリオは黒い木綿の紐《ひも》で綴《と》じられ、中身は薄い和紙のガリ版刷りであった。私は十年ほど前に、自分が出演した映画作品のスチール写真とシナリオの大半を川喜多記念映画文化財団に寄贈したので、昭和四年、初主演の映画『母』のシナリオも現在はそこに保存されている。

それより以前、日本映画のもっとも古いとされているシナリオは、大正十年に作られた松竹キネマ研究所第一回作品、『路上乃霊魂』のもので、これは松竹大谷図書館に保存されている。

当時、シナリオは「台本《だいほん》」または「脚本《ほん》」と呼ばれ、現在《いま》でも撮影所用語では相変わらず同じ呼ばれ方をしている。シナリオという呼び名はよそいき用である。

「シナリオ」はもともと、十六世紀のころ、イタリアの即興喜劇役者が作った、簡単な芝居の筋書き、覚え書き、がはじまりだそうである。役者たちはそのメモのようなシナリオに従って役を演じたのだろうと思う。

日本映画の初期もまた、演出家一人が講談本を片手にあれこれとスタッフに指示をし、俳優もただ演出家に言われるままに、泣いたり笑ったりの演技をしただけだったらしい。

現在のようなシナリオが登場したのは、映画に音声や音楽が加えられたとき、つまり「トーキー映画」になってからで、それまでの映画は、「物語は、動作と表情で運ばれるべきであって、『言葉』で筋を運んではならない」という考えが本筋にあったから、シナリオもそれにそったものであった。言葉や音曲をともなうようになったシナリオは大きく変化し、「シナリオ・ライター」という職業を誕生させたことになる。そのうえ、それまで大衆芸能であった映画は「芸術」の域に入った。

現在のシナリオには、はじめの一場面から終わりまで通し番号が記されている。私のシナリオ『忍ばずの女』にもある。シナリオを手にしたことのない人にはなんのことやらわからないと思うけれど、これは撮影の進行を早め、浪費をふせぐための便宜上の番号である。例えば、撮影日の前日には「明日の撮影予定表」というものが撮影所の表示板に貼り出される。

「松山組。雨天、セット、シーンナンバー10、16、40。晴天、九時出発ロケーション。シーンナンバー6、11」

という案配で、現場関係者の準備のためのものである。

この予定表に従って、俳優は明日のシーンの台詞をおぼえたり、前日のうちに明日のシーンのための小道具（茶碗や花瓶、食べもの、猫や犬など）の調達を考えたり、衣裳部はあわてて衣裳部屋に入って明日必要な衣裳にアイロンをかけたりする、という寸法になる。

「映画は、シナリオがよくなければ傑作はできない」と言われるが、私の、俳優生活五十年の経験から言わせてもらえば、まさにそのとおりだと思う。映画界の習慣として、出演の申し込みと同時にシナリオが持参されることになっているが、いつの場合も、シナリオを一読した上で出演の諾否《だくひ》を決めるのは当の俳優である。

出演申し込みのシナリオが、二本、三本と同時に持ちこまれた場合も、それらを読み比べて、どの作品に出演するかを最終的に決めるのは私自身であった。昭和二十五年に、それまで専属だった新東宝映画を飛び出して、フリーランサーの第一号として一匹狼になった私には、所属するプロダクションもなく、マネージャーもいなかったから、なんでもかんでも、自分のことは自分でしなければならなかったのである。

したがって、仮に百本の映画に出演したとしても、およそ倍くらいのシナリオを読んだ、という寸法になる。どのシナリオも、シナリオ・ライターが精魂こめた作品にはちがいないけれど、俳優には俳優独自の選択眼があり、俳優として目指す方向もある。不遜な言い方かもしれないが、どのシナリオを選ぶかは、自分の持つ一種のカンのようなもので決めるよりほかはない。

私の場合でいうなら、映画界のややこしい人間関係の中で、義理を欠き、人に何と言われようと、終始一貫、「家族連れで見られる映画」にのみ出演する、という姿勢を頑固に押し通してきた。

シナリオの読み方などというものが、あるかないかは私にはわからない。けれど、シナリオのどこかにキラリと光る部分がある、とか、台詞がこなれている、とか、ストーリーの展開に抵抗がない、とか、そうした魅力が感じられれば、私にとってそのシナリオは、「いいシナリオ」なのである。「ダメなシナリオだったが大傑作の映画ができた」とか、「シナリオは最高だったができた映画は最低だった」という話はあまり聞いたことがない。

シナリオは映画作品の土台になる設計図である。優れた設計図を手にしたときのスタッフたちの誇らしげな表情、高揚した精神はそのまま現場での作業へとつながってゆく。私は女優の仕事はいつまでたっても苦手だったが、クランク・イン第一日目に見られるスタッフ全員の緊張と自負に満ちた、新鮮な雰囲気は大好きだった。

が、映画は、六十人、七十人の力が集まってはじめて完成されるものである。よほど足並みが揃《そろ》っていないと、思わぬところでつまずいたりひっくり返ったりする。シナリオが上出来で演出家が才人でも、演技者がド下手ではどうにもならない。前三者が優れていてもカメラマンのセンスと技術が未熟では完成度は低い。それに、美術も大切だし、最後に加わる音楽もまた同じである。

このように、シナリオは映画の重要な一部分ではあるけれど完成品ではない。そのシナリオを削ったり補足したりしながら、一本の映画として完成させるのが演出家であり、現場のスタッフたちである。

「映画に古典はない」というけれど、誰もが認める「名作」といわれる映画は何本かある。

名作とは何か？

一本の映画は、平均して二百カット前後の小間切れカットの連続によって完成されている。その中の、わずか一場面、たったの一カットでも、人々の心に長く残れば、その映画は名作である、と私は思っている。人の好みは十人十色、どの映画のどのカットが印象に残るかは人それぞれに異なるだろう。

私の場合でいうなら、例えば『駅馬車』（ジョン・フォード演出）の、駅馬車とインディアンの、疾走しながらの争いの場面。『アラビアのローレンス』では、砂漠に立つ陽炎《かげろう》の中を黒衣の男がユラユラと近づいてくる長い長いカット。『第三の男』では、暗い街角に一人佇《たたず》んでニヤリと笑う、オーソン・ウェルズのあの魅力的な表情。『七人の侍』の、土砂降りの中の、クライマックスであるチャンバラ場面、など。これらの画像を見たときの、心が震えるような感動と興奮は、いまでも忘れられない。

これらの優れた、類いのないカットの数々もまた、シナリオを土台にふまえて、撮影現場のスタッフたちが精魂こめて創り出した画像なのだ。

シナリオにはジンクスがある。「書きすぎてはいけない。足りないのはもっといけない」ということである。私なりにシナリオのノウハウのかけらくらいは頭の中にないではないけれど、といってそう簡単にシナリオを書けるというものではない。


とつおいつ、思案投げ首、気もそぞろの私の頭に、今度は松山のゲンコツが飛んできた。

「おい。しっかりせい！　お前さんは、僕の口述筆記を何十年と続けてきた。そして三百本を超える映画に出演している。スクリーンの中で生きた人生を、そのまま自分なりの作品にしてみたらどうだろう。

シナリオの書き方は自由だ。誰にでも一作は書けるものなのだ。お前さんはこれからシナリオ・ライターを志すわけではない。映画俳優を廃業したとはいっても『役の財産』をトラック一杯は持っているだろう。五十年間貯《た》めた財産の利息は、相当大きくふくらんでいるはずだ。

ありがたいことに、注文されたシナリオはお前さんがよく知っている女性《ひと》の半生じゃないか、書けないことはないだろう。書いてごらん。

石井ふく子というプロデューサーは、お前さんよりたくさんのテレビ、芝居を手がけてきて、ご自身も演出家だ。あの人は、仕事と人情を一緒にしないクールな人だ。お前さんが書いたシナリオが悪ければ『これはダメです』と突き返してくる。突き返されたら……『ありゃ、やっぱりダメか』と引っこめれば、それでいいじゃないか。

書いてごらんよ。台所で僕のごはんのおかずのことなんか考えずに、明治、大正、昭和を生き抜いた『翔《と》んでるおんな』の一生を、原稿用紙の上に再現してごらん……」

松山は、私の仕事に対して口を出さない人である。そのおかげで、私は結婚後も以前と同じように、自分の判断を崩すことなく仕事を続けてきた。その松山が、こんなに強く脚本執筆をすすめるのは、どういうことなのだろう？……私が机にベッタリとはりついていれば、松山になにかと負担がかかり、不都合なことも多いだろうに……と、考えているうちに、ふッと思い当たることがあった。

七十歳を超えたこのごろの私は、自分でもビックリするほど体力、気力がなくなった。なにをするのも億劫《おっくう》で、手ぬきの連続、怠慢そのものの毎日である。燃えつきる前のローソクの芯が、はかなげにジジジとゆらめいているようなその私に、松山はドカン！　とハッパをかけてくれたのかもしれない。

脚本執筆は体力が要《い》る上に、責任のある仕事である。自信は……ない。が、ふく子さんの厚意と松山の優しい思いやりにこたえるには、とにかく、「書く」ことだ。

私の胸の中で、なにかがパチン！　とはじけ、私は包丁を放り出して鉛筆を持った。

（『忍ばずの女』一九九四年）

◉インタヴュー（聞き手・構成＝斎藤明美）

高峰秀子における「書く」ということ

昭和二十八年の『巴里ひとりある記』に始まり、近著『にんげんのおへそ』まで、高峰さんの著作は二十四冊に及ぶ。

「本当に本人が書いたのですか？」と、出版社に問い合わせた人もいると聞く。これらの人々の心の内には、「女優の高峰秀子が、これほどの名文を、これだけの量、本当に自分で書いたのか？」という思いがあるのだろう。

では、いかにして高峰さんが二十四作の著者となったか。まずは、高峰さんと活字との関わりから掘り起こす。


五歳で映画界に入れられたから、脚本というものが、私の初めて触れた活字ですよね。その頃は誰かが読んで口移しに教えてくれたんだろうと思いますよ、助監督さんとか。そしてすぐに「ベビースター」なんてものになったから、忙しくて小学校なんか延べ一ヵ月も行ってません。だから、字、読めませんでした。私の養母は自分の名前を書くのがやっとという人だったから、私が人並みに読み書きができるようになったのは、小学校の担任だった指田《さしだ》先生のお陰なんです。

私が地方ロケに発つ度に必ず駅まで来てくれて、汽車の窓から「ハイッ」って本を渡してくれました。『コドモノクニ』とか、子供用の本を数冊。絵本もあって、象の絵の所にキリンって書くはずはないから、「あぁ、この字はゾウと読むのか」って、そういう覚え方をしたんじゃないかしら。

最初に書いた字は、たぶんサイン。「タカヒネヘデコ」なんて（笑）、片仮名で。そして、当時松竹が出してた『蒲田』という月刊の映画雑誌に、やはり片仮名で「撮影日記」みたいなものを書いたのが、初めての〝文章〟と呼べるものだったと思います。「キョウハ、クリシマスミコセンセイトオシバイヲシマシタ」みたいなの。「書け、書け」って言われたんでしょうね。それが六つくらいの時。

挿絵も描いてました。ロイド（ハロルド・）のおじさんや、何故かお化けの絵が多かった。「うらめしい〜」って女のお化けばっかり。だから陰気な子だったんじゃないの。

十二歳で東宝に移ってからは、『東宝映画』というグラフ雑誌に、これも「撮影日記」のようなもの。この頃にはちゃんと漢字混じりの平仮名で書いてました。それから映画館でくれる薄いプログラム。それにも書けということで宣伝部が下書きを書いてくれるんだけど、通り一遍のことしか書いてこないからつまんなくて。自分で書き直してたら、そのうち下書きもしてくれなくなっちゃった。「生意気なガキだ」と思ったでしょうね。

高峰さんは読書家だ。最低でも月に十冊は読破する。「著者謹呈」もあるが、多くは書店に足を運んで自ら選んでいる。

次は高峰さんの「読む」を辿る。

書店というものに初めて足を踏み入れたのは十一の時です。大森の六畳一間のアパートに養母と二人で住んでたんだけど、少女俳優と言っても、今と違って出演料も安いし、食っていかれないわけですよ。それで母親が、同じアパートにいた早稲田の学生二人の賄いをしてたんです。その一人で「川島の兄ちゃん」という人と、私は毎朝駅まで一緒に行ってたんですね。それまで書店なんてものは私みたいなバカが入るとこじゃないと思ってたんだけど、川島の兄ちゃんが「秀ちゃんも入りなさい」って言うから入ったのが最初ですよ。その人が自分に必要な本を買っている間、私はボンヤリ棚を眺めて、「ははぁ、これ、買えるんだな」と思ってね。だからその兄ちゃんが連れてってくれなければ、私は永久に書店という所に入らなかったかもしれない。

考えてみれば、その時々に、そういう親切な大人にめぐり逢ったということね。指田先生にしても川島の兄ちゃんにしても。

買ったのはもっぱら短編です。岩波文庫の星一つ、二十銭の一番安い。何故短編かと言うと、撮影の仕事というのは、誰かが遅刻したり天気の具合で中断して、ポッと一、二時間空いたりするわけ。だからそういう切れ切れの時間に読むには短いものしかないのね。長編は途切れると前の方忘れちゃう。特に翻訳物なんてな、ロシアの○○スキー、××スカヤとか、人の名前さえ覚えられない（笑）。

乱読もいいところだけど、生意気な物を読んでましたよ。夏目漱石の『硝子戸の中』、芥川龍之介『地獄変』『手巾』、志賀直哉の『小僧の神様』『清兵衛と瓢簞』……。中でも少女期に一番ショックを受けたのは、北条民雄という人が癩病のことを書いた『いのちの初夜』。そして被差別部落をとりあげた島崎藤村の『破戒』。両方とも十二歳くらいの時に読んだと思います。

――忙しくて学校にも行けなかったデコちゃんとしては、何を基準に作家を選んでいたんでしょう？

書店でパラパラッてやってみて、「面白そうだな」と思うんだろうね、子供心に。それよりないですね。それと、やっぱりどこからか、「漱石」とか「志賀直哉は品格がある」なんてのが耳に入ってきたんじゃない？　でも私の周りは文学などとは無縁でしたねぇ。私たち俳優が朝一番に行くとこは結髪部なんですけど、たいてい女優がくっだらないこと喋ってるの。誰と誰がくっついた、誰々に意地悪された……。うーんざりでした。

ただ、一人だけ。メイク係の小林重雄《しげお》さん。私たち「重ちゃん」って呼んでた。小太りの体にいつもハンチング被って腰のポケットに台本挟んで。私は本当に重ちゃんにはお世話になったの。木下恵介先生の『笛吹川』で十八から八十五歳までを演じた時、それを観たある人が「高峰さん、出てませんでしたよ」って。役の老婆が私だと気づかないほど、重ちゃんの腕が巧みだったということですね。彼は日本一のメイクアップマンだった。

私は人付き合いが悪いから、冠婚葬祭には一切顔を出さないんだけど、重ちゃんのお葬式には行ってるんですよ。お棺に手を置いてワーワー泣いた。何故そんなに泣いたかって言うと、重ちゃんが唯一私の顔に触れた男、何か懐かしいような人だった。仕事に熱中すると、ペロッと嘗めた指先で私の鼻の頭をこすったり、自分の唾をつけた面相筆で眉毛を描いてくれたり……。だから鼻と鼻がくっつきそうな距離にいつも重ちゃんのダルマみたいな顔がある。そうすると、やっぱり一言二言喋るじゃない。

で、本の話になるんだけど、私がある時、「重ちゃんの大事な本って何だ」って聞いたら「『風姿花伝』、これが一番ええ本や」って言うんで、早速買いました。私が十八くらいの時。以来、うちの本箱にはいつも『風姿花伝』と『徒然草』だけはあるの。

読むのは撮影所の宣伝部。家では読めないんですよ。単行本なんか読んでると、養母がスッと来て電気を消しちゃうわけ。「字が読めない私への当てつけか」って。だから撮影の空き時間に宣伝部に入り浸《びた》って本を読んでましたね。新聞とか活字がたくさんあって、私にとっては宝の山でしたよ。あとは撮影所やロケ先の宿屋の自分の部屋、移動する乗物の中。それが私の読書の場所でした。

——そういう時には、脚本を読んだり、役のことを考えたりはしないんですか？

それはもう済んじゃってます、自分の中で。〝カバー・トゥ・カバー〟って言うんだけども、台本は初めから終わりまで全部暗記してるから、どこから撮られても台詞は出ます。

——そこに他の本を読んだりすると、頭が混ざってしまうってことはないんですか？

それは別のものだから。例えば『二十四の瞳』の大石先生なら大石先生というものは、もういるんだから、向こうに。だからカメラの前に立てば自然に出てくる。そうじゃない自分に返った時、また大石先生読む必要はないから、純粋な楽しみとして本を読んでた。もちろん毛糸も編んだし、絽刺《ろざ》しもしたし……、でも、やっぱり本が一番でしたね。

——今でも時間さえあれば、まるで〝食う〟ように本を読んでらっしゃいますよね？

だから善三さんも、自分が仕事ででかけて私が一人で家にいるのを寂しいだろうって心配して、前は「レストラン行こう」とかって言ってたけど、この頃は諦めちゃって「秀さんは本さえあればいいんだね」って言ってる。その点、安心みたいね。自分がいなくても、私が寂しそうにポツンと庭眺めてたりしないで本読んでるから。

以前、高峰さんにホテルの喫茶室で取材に応えて頂いた時のこと。時刻は午後だった。ひとしきり話が終わると、高峰さんはつくづくと満席の周囲を見回して言ったものだ。「見てご覧なさい。みんな、女の人。何喋ってるのか……、暇なんだねぇ」。そして声を潜めて、「家へ帰って本でも読め」と悪戯っぽくこちらに「ヒヒヒッ」と笑った。

やっぱりコンプレックスだと思うの。たまに学校へ行けば、授業の内容はチンプンカンプン。私と同じ歳の人がみんな知ってることを私は知らない。だから「知らないじゃ済まないぞ。そんなら自分で勉強しなきゃ」っていう気持ちですね。教科書は一人で読んでもわかんないけど普通の本なら読めるから。そういうのが今でもあって、私は暇さえあれば本を読むんだと思うんです。だから「向学心」なんて立派なものじゃない。中には難しくて内容がわからないものもあるけど、いいの。

「家へ帰って本でも読め」。それは決して侮蔑の言葉ではなく、その言葉の中には、そうしたくてもできない歳月を過ごした高峰さんの、むしろ羨望や哀しみが込められていたのではないだろうか。

――好きな作家は？

志賀直哉、内田百閒、司馬遼太郎、井上ひさし、沢木耕太郎。女なら幸田文、白洲正子。こうしてみると、全部潔癖な人ですね。

――ただ一冊だけ本を選ぶとしたら？

厚い辞書。広辞苑だな。

昭和二十年代の半ば、高峰さんは当時銀座にあった文藝春秋のサロンに足しげく通っている。そこは文士や漫画家などの溜まり場だったという。

それがね、いまだにどういうきっかけで行くようになったのか、どうしても思い出せないの。人気女優なんてものだったから資生堂でコロッケ食べたくても人だかりがしちゃう。だからきっと誰かが連れていってくれたんでしょうね。そこなら誰もジロジロ見たり「サインしてくれ」なんて言わない。女優なんか珍しがらない所だという居心地の良さですね。

例えばそこで今日出海さんに逢えば、今さんが白洲次郎さんを紹介してくれる。すると今度は「うちの嫁さんだよ」って白洲正子さんを。そんな風に、撮影所じゃない別の世界の人たちとつながっていったわけです。

ある時そこでチキンライス食べてたら、池島信平さん、当時は文藝春秋の取締役だったかな、池島さんが来てお喋りしたの。私が「信平ちゃん、私、やっぱり……どうしても女優ってヤなんだよ」って言ったら、「デコちゃんが真剣に女優がイヤだったら、辞めちゃいなさい。辞めてうちへおいでよ」って言うの。「だって私はねぇ、小学校も行ってないし……」と言ったら、「文章というのは、大学出たから書けるってもんじゃない。僕が手取り足取り教えるから、本当に真剣に女優辞めたいなら、うちへおいでよ」って親切に言ってくれた。もちろん行きたくても行けやしない。こっちは私の出演料で養母を始め十数人の生活みてるんだから。でも信平ちゃんがそう言ってくれたことが本当に嬉しかった。

「私は映画を作ること自体は嫌いではないが映画界の持つ〝ふんいき〟にはいつまでたってもなじめなく好感がもてなかった。二十歳頃、自分の居る場所を意識して以来というもの、いつも女優でないもう一人の私が体のどこかにひそんでいて、私にいろいろな言葉をささやいた。甘ったれるナ、自分を見失うな、つまらん妥協をするな、そしてこんな世界を飛び出せ、と。（略）私はそんなもう一人の自分の方が好きだった。（略）私は少しずつでも個人の私に女優の私をしたがえてゆけるようになりたいと希い、努力するようになった」

これは、昭和三十三年に刊行された、『私のインタビュー』（中央公論社）の〝はじめに〟の一節である。高峰さんはこの中で原爆乙女、芸者さん、ＯＬなど様々な女性と対峙している。その後二十冊もの著作物を出そうとは、自身、想像だにしなかった、そのまだ三冊目に当たる著書だ。だがこの序文に記した彼女の心境はその後の執筆活動と無関係とは思えないのだが……。

ふーん、そんな生意気なこと書いてた？　確かに「女優のこの人は私じゃない。私は別にいる。商売上やってる」という思いが、もう十代の頃からハッキリとありましたね。自分はずっと人の書いた台詞を喋ってきたけど、本当はてめえの台詞があるんだよっていうのが小さい時から溜まってたんだね。

それでも女優をやってる限りは女優で勝負しなきゃいけないから、映画を観て頂きましょうと思って物を書かなかったんです。「書け、書け」って言われても。「ハイ、これまでよ」って女優を辞めた途端に、じゃんじゃん自分の台詞を書くようになっちゃったわけ。

だからその意味では、「書く」という行為は「個人の私」かもしれない。でもね、私にとっては「女優」も「書くこと」も両方苦しいです。性に合う合わないで言えば、両方ともダメですね。今度生まれてくるかどうか知らないけども、もし商売やるんなら、人のために陰の仕事、芝居で言えば黒子、踊りなら後見《こうけん》、そういう、目立たない仕事をしたい。人前に晒されたり、評価されるのはイヤです。

高峰さんの右手の人指し指は中指の方に曲がっている。そして中指の第一関節には立派なペンだこができている。結婚以来四十年余り、ご主人の脚本の口述筆記をしているからだ。この事実は高峰さんの「書く」ことにどのような影響を及ぼしているのか。

ヤクザな女優と結婚したもんだから、当時ぺェぺェの助監督だった松山さんは、気が違ったように仕事に没頭したの。もともと脚本家志望の人だから、もう毎日寝る間も惜しんで机にへばりついて書いていた。そしたら二年目に腎臓結核になって、お医者さんに「座業はいけない」って言われたんですよ。だけど当人は「書かなきゃ。勉強しなきゃ」と思ってるから、じゃあ私がやりますって、かなくぎ流で、向こうがすごい早口で喋るのをどんどん書いて、わかんない字があると抜かしといてさ、後から辞書引いて。だから、「読む」勉強になったし、初のテレビ脚本「忍ばずの女」を書けたのも、そのお陰だと思う。でもそれを舞台用（明治座で今年〔一九九九年〕六月上演）にする時は、やっぱり松山さんに一から教えてもらいました。舞台はカットで場面転換できないし、時間配分とか花道や回り舞台の使い方なんて私にはわからないから。

辞書の引き方も教わった。辞書なんて物は私のようなバカが触っちゃいけないと思ってたから、わかんない字があるとその辺の新聞をひっくり返して字を探してたの。そしたら善三さんが「何やってるの？」って聞くから、「字を探してる」「辞書ないの？」「持ってない」って言ったら、腰が抜けるほど驚いたらしくて。いくら何でも三十の女が辞書一つ持ってないなんて信じられないって、自分が中学から使ってたボロボロの辞書をくれたの。

今ではピタリと求める字を開き当てるほど辞書の引き方も早くなった高峰さんが、では実際、どのように執筆しているのか。

――発想は？

私の場合、素人の〝生活綴り方〟ね。だから「何でもご自由に書いて下さい」って言われると一番辛い。ただ、考え方として、例えばここに飯茶碗があるとする。ご飯を入れるから「飯茶碗」と言う。でも、ご飯入れなくてもいいじゃないか。ご飯どけちゃって、お酢の物を入れたっていいじゃないか。灰皿にしても、もしかしたら野菊なんかちょっと挿したっていいかもしれない。茶碗を茶碗と思わないで、もっと自由にものを考えれば面白いんじゃないか、っていうようなことをいつも考えてるもんだから、例えば人間を料理に譬えたり、有名な大先生方を陶磁器に見立てたり、発想を固定しないの。

――構成は？

大根買いに行ったりなんかしながらさ、何かここら辺（後頭部を指して）へひっつくのよぉ、発想した〝種〟が。それがもう憂鬱なんだねぇ。だから女優の方が楽かしら、考えてみると。でもそのうち、書き出しと終わりが決まって真ん中がダレないように頭の中で固まれば、一気にいきますよ。

――書くのはいつ？

午前中は買い物とか雑用……。夕方四時になるとモソモソっと台所に行ってご飯の支度にかかるから、やっぱりまとまった時間が取れるのは午後ですね。夕飯の後はダメ。松山とお酒飲むから、酔っ払っちゃって（笑）。

――どんな机で？

えーと、八年前、家を小さくした時に松山からもらったお下がりの座り机（幅一二〇、奥行き七五センチ）。三十年ほど前に二人で台北へ行った時、誂《あつら》えたの。中央全面に緑色の大理石が埋め込んである。松山さんはお歳を召して座り机はしんどくなったと言って、新しい椅子と机を買いました。それまで？　机なんかないよ。私は食堂のテーブルで書いてた。

――筆記用具は？

ケチだから、いきなり原稿用紙使ったりしない。下書きは大学ノートとＨＢのシャープペンシル（０・９ミリ芯）。それで、ノートを上下に開いて、下のページに書く。上は後から吹き出しつけて書き足すために空けとくの。どのくらい書けば四百字になるか、もう大体わかってるから。そして清書をイタシマス。その時使うのは満寿屋の四百字詰め原稿用紙。名前入り？　ううん、そんな大層な物。私、作家じゃないからね。ペンはいろいろ研究の結果、ゼブラ細字。宣伝するわけじゃないけど、原稿用紙と相性がいいし、書きやすいよ。百円ですな。十本入りのをまとめて買っとくの。

高峰さんの文章の特徴の一つに、その独特の〝リズム〟がある。「高峰節」と呼ぶ人もいる。読む者の目に耳に心に、シャキシャキとはまり込んでくる。快い。意図した場合を除いて、「である」調である。

映像の時、私は女。だから女優です。でも実際の作業をする時に、「あらァ〜」（品《しな》を作って）なんて、とてもやっちゃいられない。例えば、小道具さんの所へ下駄取りに行くね。「恐れ入りますけれど、成瀬組の高峰ですけど、シーン○○の赤い鼻緒の下駄一つ下さい」、そんなこと言っちゃいられない。「成瀬組。高峰。シーン○○。下駄！」、その方が小道具さんも仕事が早い。そんな風に「てにをは」や枝葉のない言葉でやらないと、女だ男だなんて言ってたんじゃ間に合わないの、あの社会は。そういう、男みたいな口ききと言うか、それが身についちゃったのね。でも、女らしい役の時はそのように演《や》るよ。脚本家の書いた台詞無視して「あぁ、それがどうしたよ」じゃあ、映画にならない（笑）。

ユーモアも高峰さんの文章の魅力だ。

だが、高峰さんの「書く」ものは〝泣かせる〟。胸の奥から涙が染み出る。悲しいから出る涙ではない。感応、感慨、感嘆……様々な意味で〝参った〟、心の雫《しずく》と言うべきかもしれない。対象物に注ぐ彼女の目線が相手の心の薄くて細かな襞《ひだ》を、相手がそれと気付かぬほどの柔らかさで押し開き活字に載せてゆく様に、読者は〝陥落〟させられる。「甘露」の至福を味わうのだ。

―― 高峰さんは「家族連れで観られるような映画にしか出まいと思って女優をしてきた」とおっしゃったことがありますが、「書く」ことについてのモットーはありますか？

私は自分のこと、悪口の天才だと思ってます。もう人をこき下ろさせたら誰もかなわないくらい。でも物を書く場合、人が読んで不愉快になるような文章は書かない。悪口は書いても、寸鉄人を突っ付くくらいで、刺すまでいくのはやめましょうと思ってますね。それと、嘘は書かない、作り事は。嘘書いたらとても恥ずかしくていられない。まぁ、背伸びはしないってことかな。背伸びして得することは一つもないです。

―― 失礼を省みずに言えば、高峰さんは、実際の物言いよりお書きになった文章の方が「優しい」

ように思いますが、それは、口にするのは面はゆいけど、文章なら表現できるということでしょうか？

うーん……。そんなに深く考えながら物を書いいちゃぁおりませんですよぉ。

前述の、松山氏が中学時代から使っていた辞書をくれたエピソードについて、高峰さんのエッセイの中では、

「私は宝物をもらったような気持ちがした」

と表現されている。

だがご本人にそれをぶつけると、

「それはお世辞だね。向こうはサッサと新しいの買っちゃってさ。私にはボロボロの」

となる。

なので、極めて僭越ながら、高峰さんの先のお答えを勝手に翻訳させて頂く。

私はね、悪口はスラスラ言えても、褒め言葉を言おうとするとシドロモドロになっちゃうんだ。書くのなら、つっかえても、言い間違えても、じっと考えたり消して書き直せるでしょ。それに書く時は誰も見てないしさ。本になって読まれる時は、傍に私はいないじゃない。だから気が楽なんだ。第一、「あなたの宝物をもらえて嬉しいわ」なんて、恥ずかしくって、言えるかよぉ。

（『別冊太陽・女優 高峰秀子』一九九九年二月）

あとがきにかえて

――生誕100年を迎えた母・高峰秀子に捧ぐ

斎藤明美

非社交的で、人前に出ること派手なことが嫌い。理想は「深い穴の底でじっとしていたい」。女優という職業に就くには明らかに不向きな資質を持ち、実際、物心着いた頃には「私はこの仕事には向いていない」と自覚している。

小学校に通算して一か月足らずしか通えず、担任教師が与えてくれた絵本を見ながら一字一字、独学で読み書きを覚えたものの、自宅で本を読んでいたら、養母に「字が読めない私への当てつけか！」と電灯を消される。読書からはほど遠い、ましてや書く行為など阻止されかねない少女時代を過ごした。

従って高峰自身が書いているように、「女優業も執筆も、自ら進んで始めたことではない」は、精神的にも物理的条件からも無理からぬことである。

ではなぜ、それら二つの仕事で高峰が大きな成果を遺し得たのかと言えば、それはひとえに〝才能〟に他ならない。

演じてみたら上手かった、書いてみたら「もっと読みたい」と言われた、撮ってみたら結構いい映画だった、描いてみたらかなりの絵だった……つまり初手にそのレベルだった人間のみがさらに努力と研鑽を積むことによって人の心を動かす作品を生み、人様からお金を頂けるプロになることができる。端からやってみてダメな人間はその道を諦めたほうがいい。少なくとも才能の芽、煌きを持ち得ない者は向かないのだ。創作というのはそういう残酷な世界である。

高峰の好むと好まざるによらず、彼女は五歳でいきなり演技が上手かった。それでも演じるより学校に行きたかったのだが、その不得手な職業を決して辞めることができない境遇に自分が置かれていることを知った時、彼女は腹を括る。そしてせめて己の納得のいく演技を目指すようになる。

書くことにおいても、宣伝部が持って来る文章を幼いながらもつまらないと感じて、自分で文章を書くようになった。「つまらない」と思ったところに、彼女の才能がある。

名だたる作家だけでなく、著名な画家たち、それら一流人が高峰を愛した一番の理由は、そこにあるのではないか。

「私と書くこと」の章に記された高峰の心情、それを作家たちは、たとえ高峰が直接的に言葉にしなくても、感じたのではないだろうか。

女優として書き手として、そして人間としての〝稀有〟。高峰がただ姿かたちだけが美しい通り一遍の女優なら、彼らは交流を続けただろうか。

才能ある者は才能ある者を見抜く。一流は一流を理解する。そして、愛する。

二〇二四年　秋

松山善三・高峰秀子養女／文筆家

◉出典一覧

I

「思い出の作家たち」(『オール讀物』1998.12)

Ⅱ

「志賀直哉先生と谷崎潤一郎先生」(『ダンナの骨壺』河出書房新社、2017.11)/「ライオンとデコと」(『週刊公論』1959.1.4)/「先生と私」(『コーちゃんと真夜中のブランデー』河出書房新社、2017.3)/「偉大なる食いしん坊」(『瓶の中』1972.11)/「谷崎先生への手紙」(『コーちゃんと真夜中のブランデー』)/「志賀さんのお手紙」(『あぁ、くたびれた。』河出書房新社、2018.7)/「『小僧の神様』」(『おいしい人間』文春文庫、2004.7)

Ⅲ

高見順「豊田正子と高峰秀子」(『わが饒舌』富士出版社、1941.4)/坂口安吾「新春日本の空を飛ぶ—〝希望の翼号〟機上にて」(『読売新聞』1951.1.3)/舟橋聖一「高峰秀子—私の会ったひと」(『増補新版・没後10年　高峰秀子』河出書房新社、2020.6)/阿川弘之「高峰秀子の宝物」(同)/山田風太郎「不思議な女優」(同)/村松友視「艶の気配」(同)/出久根達郎「あらえびす」(同)

Ⅳ

「鎌倉かけある記」(『ダンナの骨壺』河出書房新社)/「五重塔と西部劇」(『にんげん住所録』文春文庫、2005.7)/「武者小路先生の絵」(『ダンナの骨壺』)/「夏のつぎには秋が来て」(『おいしい人間』文春文庫)/「人情話　松太郎「い」」(『人情話松太郎』文春文庫、2004.1)/「私の見た内側の人物論」(『まいまいつぶろ』河出文庫、2015.4)/「翡翠」(『おいしい人間』)/「つむじ風」(『にんげんのおへそ』文春文庫、2001.10)/「壺井先生のやさしさ」(『高峰秀子の反骨』河出書房新社、2020.4)/「気になる本『浮雲』」(『おいしい人間』)/「三島由紀夫割腹自殺—昭和四十五年十一月二十五日」(『高峰秀子の反骨』)/「菜の花」(『にんげん蚤の市』河出文庫、2018.2)/「私のご贔屓・沢木耕太郎」(『にんげん住所録』)

Ⅴ

×志賀直哉「映画についての雑談　Ⅰ」(『高峰秀子かく語りき』文藝春秋、2015.6)/×谷崎潤一郎「映画についての雑談　Ⅱ」(同)/×深沢七郎「老人とロカビリー」(同)/×三島由紀夫「彼女は俺嫌いらしいよ」(『高峰秀子と十二人の男たち』河出書房新社、2017.6)/×沢木耕太郎「旅が教えてくれたこと」(『高峰秀子かく語りき』)

Ⅵ

「私の文章修業」(『増補新版・没後10年　高峰秀子』河出書房新社)/「三つ子の魂百まで」(『コーちゃんと真夜中のブランデー』河出書房新社)/「口述筆記」(『忍ばずの女』中公文庫、2012.5)/「シナリオと私」(同)/「高峰秀子における「書く」ということ」(『別冊太陽』1999.2)

＊表記は発表時の時代状況を鑑みそのままとしました。

高峰秀子

（たかみね・ひでこ）

1924年、函館生まれ。女優、エッセイスト。
五歳の時、松竹映画「母」で子役デビュー。以降、「カルメン故郷に帰る」「二十四の瞳」「浮雲」「名もなく貧しく美しく」など、300本を超える映画に出演。『わたしの渡世日記』（日本エッセイスト・クラブ賞受賞）『巴里ひとりある記』『まいまいつぶろ』『コットンが好き』『にんげん蚤の市』『瓶の中』『忍ばずの女』『いっぴきの虫』『つづりかた巴里』など著書多数。夫は脚本家で映画監督の松山善三。2009年、作家・斎藤明美を養女に。2010年死去。

高峰秀子と作家たち

二〇二四年一一月二〇日　初版印刷
二〇二四年一一月三〇日　初版発行
著　者——高峰秀子
発行者——小野寺優
発行所——株式会社河出書房新社
〒一六二-八五四四
東京都新宿区東五軒町二-一三
電話
〇三-三四〇四-一二〇一［営業］
〇三-三四〇四-八六一一［編集］
https://www.kawade.co.jp/
組　版——有限会社マーリンクレイン
印　刷——株式会社暁印刷
製　本——小泉製本株式会社

ISBN978-4-309-03940-4
Printed in Japan